国家通用语言

普通话水平测试教材

尹鹏飞　主编

Putonghua Shuiping Ceshi

清华大学出版社
北　京

内容简介

本书系统地阐述了普通话语音系统中的声母、韵母、声调、音变、音节等基础理论知识，并针对普通话水平测试的各个部分，特别编写了单音节字词、多音节词语、朗读短文、命题说话四个方面的专项训练，以及配有标准示范录音的50篇朗诵作品、30套普通话水平测试样卷。

本书不仅面向参加普通话水平测试的考生，同样适用于那些对普通话有专业要求的职业人士，例如广播电台和电视台的播音员、节目主持人、教师、公务员，以及其他出于个人兴趣希望提升普通话水平的社会人士。此外，本书也可作为普通高等院校相关专业的教材和教师培训用书。

图书在版编目（CIP）数据

国家通用语言：普通话水平测试教材 / 尹鹏飞主编.
北京：清华大学出版社，2025.3
ISBN 978-7-302-68772-6
Ⅰ. H102
中国国家版本馆 CIP 数据核字第 2025H2B074 号

责任编辑： 杜春杰
封面设计： 秦　丽
版式设计： 楠竹文化
责任校对： 范文芳
责任印制： 刘　菲

出版发行： 清华大学出版社
网　　址： https://www.tup.com.cn，https://www.wqxuetang.com
地　　址： 北京清华大学学研大厦 A 座　　**邮　　编：** 100084
社 总 机： 010-83470000　　**邮　　购：** 010-62786544
投稿与读者服务： 010-62776969，c-service@tup.tsinghua.edu.cn
质量反馈： 010-62772015，zhiliang@tup.tsinghua.edu.cn
印 装 者： 保定市中画美凯印刷有限公司
经　　销： 全国新华书店
开　　本： 185mm × 260mm　　**印　　张：** 14.5　　**字　　数：** 305 千字
版　　次： 2025 年 3 月第 1 版　　**印　　次：** 2025 年 3 月第 1 次印刷
定　　价： 59.00 元

产品编号：110986-01

前言

习近平总书记指出："语言相通是人与人相通的重要环节。语言不通就难以沟通，不沟通就难以形成认同。"[①]

我国是一个多民族、多语言、多文种的国家，大多数民族都有自己的语言，各地又有不同的方言。如果各讲各的，谁也听不懂，就难以形成民族凝聚力和向心力。学习使用国家通用语言文字，既是各民族交往、交流、交融的需要，也是经济社会发展的必然趋势。

《中华人民共和国宪法》第十九条规定：国家推广全国通用的普通话。《中华人民共和国国家通用语言文字法》第三条规定：国家推广普通话，推行规范汉字。

普通话水平测试是促进普通话普及和应用水平提高的基本措施之一。截至2021年底，全国的测试机构发展到1700余个，测试员队伍达5万余人，测试总量持续增长，参加测试的人员累计超过1亿人次，为推广普及国家通用语言文字发挥了重要作用。[②]

为大力推广普通话，帮助大家快速提高普通话水平，我们严格依据教育部、国家语言文字工作委员会发布的最新《普通话水平测试大纲》，从普通话学习及测试的实际出发，深入研究普通话水平测试的特点和规律，全面分析讲解普通话水平测试应试技巧和策略，普通话语音系统中声母、韵母、声调、音变、音节等基础知识，并且针对测试的各个部分，专门编写了单音节字词、多音节词语、朗读短文、命题说话四部分的专项训练以及30套普通话水平测试样卷。

为方便教师教学与学员自学，本书配有主要训练内容的示范录音，由国家级普通话水平测试员语音示范，相信本书能为各行各业学习普通话的人员提供切实有效的帮助。本书在编写过程中得到了国家语委普通话与文字应用培训测试中心专家的大力支持，在此表示衷心的感谢！

编　者

二〇二五年三月

---

① 王晨．进一步贯彻实施国家通用语言文字法 铸牢中华民族共同体意识［N］．人民日报，2020-11-11（06）．

② 教育部．教育部有关部门负责人就《普通话水平测试管理规定》答记者问［EB/OL］．（2021-12-09）［2025-01-15］．http://www.moe.gov.cn/jyb_xwfb/s271/202112/t20211209_585990.html.

目　录

第一部分　普通话基础知识

第二部分 普通话水平测试专项训练

第三部分 普通话水平测试概要

第一部分

普通话基础知识

第一章

普通话概述

一、普通话的概念

普通话是现代汉民族共同语的官方称谓，是中国各民族的通用语言，是现代标准汉语，是通行于中国及海外华人华侨间的共通语言。普通话有不同名称：在中国大陆（包括港澳）叫普通话，在台湾省叫国语；在东南亚及其他海外华人群体中叫华语，在学术界叫现代标准汉语。

中国的 56 个民族，使用着近 130 种语言。其中，使用人数最多、分布范围最广、影响最大的是汉语。汉语又有共同语和方言的区分，共同语是在各地通行使用的官方语言，方言是在各地方使用的汉语分支。汉语方言众多，方言之间的差别非常大。国家十分重视普通话的推广和使用，同时也提出要科学保护各民族语言文字。

普通话是中国的官方语言，也是联合国六种官方工作语言之一。《中华人民共和国宪法》第 19 条规定："国家推广全国通用的普通话。"《中华人民共和国国家通用语言文字法》确立了普通话"国家通用语言"的法定地位。

普通话是"以北京语音为标准音，以北方话为基础方言，以典范的现代白话文著作为语言规范的现代汉民族共同语"。这个定义实质上从语音、词汇、语法三个方面提出了普通话的标准。

语音、词汇和语法是构成语言的三个要素，普通话的定义从这三个方面限定和规范了普通话的内涵和表达。这里需要注意以下几点：语音标准是就整体来说的，并非北京话中的每一个音都是规范的，北京话并不是普通话；普通话的词汇以北京话词汇为基础，具体词汇的读音、释义、用法，可参考目前通用的、国家有关语言文字机构组织编纂的《现代汉语词典》《辞海》等；典范的现代白话文著作是指具有广泛性和代表性，使用的是以现代口语为基础的文学语言，使用的语言精密、完整、正确。

二、普通话与方言

《中华人民共和国宪法》规定“国家推广全国通用的普通话”。这是一个很重要的语言政策。推广普通话并不是要消灭方言，而是要在会说方言的基础上，还要会说民族共同语。推广普通话总的要求是在正式的场合和公众交际的场合讲普通话，但并不排除在非正式场合讲方言。国家推广全国通用的普通话是有重点、有步骤地进行的，并不是一刀切，也不是所有场合一律不让说方言。

三、如何学习普通话

一切语言都属于“口耳之学”，普通话也不例外。无论是学习普通话还是其他语言，都需要通过不断地听说训练，将理解的内容转化为表达能力。

“口耳之学”强调通过口头和听觉的方式来学习语言。语音不仅仅是声音，而是声音和发音动觉的融合。语音心理模型的成功建立依赖动嘴实践。

学习普通话的具体方法如下：

第一步：感受

感受普通话的途径很多，如收看中央电视台新闻联播节目，收听中央人民广播电台新闻节目，观看北京人民艺术剧院的话剧演出等。

第二步：模仿

可以模仿正规普通话教材录音，也可以模仿中央电视台主持人、中央人民广播电台播音员的发音。

第三步：实践

学习普通话重在实践，要“勤于学习、善于学习、学以致用、用有所成”。具体来说，要做到如下几点：一是用标准音熟读、背诵一些名篇佳作；二是积极参加朗读朗诵、演讲辩论、讲故事、说快板、说相声、歌唱、话剧、播音、主持等语言艺术训练及活动，以此学用结合，激发兴趣，精益求精；三是尽量在日常生活中使用普通话，学而不用是断然学不好语言的，最好时时用，处处用，时时留心，处处留意。

第四步：习惯

学普通话要循序渐进地坚持练习，要在尽可能多的场合说普通话，用普通话思考问题，还要利用好《新华字典》和《现代汉语词典》等工具书。

普通话语音的学习实践性很强，需要从发音和辨正两个方面去努力。要掌握一定的语音学的理论知识，明确正确的发音部位、方法，发准每个音素、音节，在语流中规范声母、韵母和声调。要凭借掌握的语音知识系统地纠正受方言影响的语音习惯，以达到事半功倍的效果。准确、熟练是语音学习的基本要求，学习中需要我们动脑，更需要我们动口，通过反复的实践以加深记忆，形成条件反射。

第二章

普通话语音基础知识

一、普通话语音系统

普通话语音系统主要包括声母、韵母、声调以及音变等。音节是语音的自然单位。一个汉字就是一个音节，例如“普通话（pǔtōnghuà）”写出来是三个汉字，读起来是三个语音单位。音节由声母、韵母构成，每一个音节一定有声调贯穿始终。一个音节可以没有声母，但不能缺少韵母和声调。普通话语音中有儿化韵，例如“花儿（huār）”有两个汉字，但它只是一个音节，这是特殊的语音现象。汉语的音节共有400多个。

二、普通话声母

（一）什么是声母

声母是汉语音节开头的辅音，如普通话“pǔtōnghuà”三个音节中，p、t、h都是声母，其余的音叫韵母。字音的高低升降叫声调。汉语字音可以分成声母、韵母、声调三部分。例如，“中（zhōng）国（guó）、富（fù）强（qiáng）”的zh、g、f、q是声母，ong、uo、u、ang是韵母；“中”的声调是阴平，“国”的声调是阳平，“富”的声调是去声。大部分字的声母是辅音声母，只有少部分的字用元音起头（就是直接用韵母起头），它的声母叫“零声母”，如“艾（ài）、额（é）、偶（ǒu）”等字。普通话声母有22个，其中辅音声母有21个，零声母有1个。

（二）声母的分类

1. 按不同的发音部位可以分为七类

（1）双唇音 b、p、m，上下唇阻挡气流。

发音例词：宝贝 bǎobèi　　批评 pīpíng　　美妙 měimiào

（2）唇齿音 f，下唇与上门齿阻挡气流。

发音例词：丰富 fēngfù　　方法 fāngfǎ　　仿佛 fǎngfú

（3）舌尖中音 d、t、n、l，舌尖与上齿龈（牙床）阻挡气流。

发音例词：道德 dàodé　　团体 tuántǐ　　男女 nánnǚ　　利率 lìlǜ

（4）舌面后音 g、k、h，舌面后部（舌根部分）与硬腭后部阻挡气流。

发音例词：改革 gǎigé　　刻苦 kèkǔ　　欢呼 huānhū

（5）舌面前音 j、q、x，舌面前部与硬腭阻挡气流。

发音例词：经济 jīngjì　　确切 quèqiè　　学习 xuéxí

（6）舌尖后音 zh、ch、sh、r，舌尖上翘与硬腭前端阻挡气流。

发音例词：主张 zhǔzhāng　　抽查 chōuchá　　设施 shèshī　　柔软 róuruǎn

（7）舌尖前音 z、c、s，舌尖与上齿背阻挡气流。

发音例词：自在 zìzài　　粗糙 cūcāo　　思索 sīsuǒ

2. 按不同的发音方法可以分为五类

（1）塞音——两个发音器官阻挡气流后，突然放开，使气流爆发而出。b、d、g 呼出的气流较弱，是不送气音；p、t、k 呼出的气流较强，是送气音。

b、p 发音例词：奔跑 bēnpǎo　　爆破 bàopò

d、t 发音例词：代替 dàitì　　地图 dìtú

g、k 发音例词：概括 gàikuò　　公开 gōngkāi

（2）塞擦音——两个发音器官阻挡气流后慢慢放开，形成缝隙，气流摩擦而出。j、zh、z 呼出的气流较弱，是不送气音；q、ch、c 呼出的气流较强，是送气音。

j、q 发音例词：坚强 jiānqiáng　　金钱 jīnqián

zh、ch 发音例词：战场 zhànchǎng　　真诚 zhēnchéng

z、c 发音例词：遵从 zūncóng　　操作 cāozuò

（3）擦音——两个发音器官相接近形成缝隙，气流摩擦而出。f、h、x、sh、s 不振动声带，是清音；r 振动声带，是浊音。

f 发音例词：反复 fǎnfù　　非法 fēifǎ

h 发音例词：航海 hánghǎi　　呼喊 hūhǎn

x 发音例词：形象 xíngxiàng　　闲暇 xiánxiá

sh 发音例词：山水 shānshuǐ　　上升 shàngshēng

r 发音例词：仍然 réngrán　　容忍 róngrěn

s 发音例词：琐碎 suǒsuì　　诉讼 sùsòng

（4）鼻音——两个发音器官阻挡气流，使气流改从鼻腔共鸣后呼出。鼻音都振动声带，是浊音。

m 发音例词：盲目 mángmù　　面貌 miànmào

n 发音例词：奶牛 nǎiniú　　能耐 néngnài

（5）边音——舌尖与上齿龈阻挡气流后，舌尖两边放松下垂形成空隙，使气流从空隙中呼出。边音是浊音。

l 发音例词：联络 liánluò　　轮流 lúnliú

3. 零声母

普通话语音还有一类零声母。有些音节是韵母独立自成音节，发音时音节开头有一点轻微的摩擦成分，但不是辅音声母，所以语音学里把这种成分称为零声母。

零声母共有两类：一类是 i、u、ü 和 i、u、ü 开头的韵母自成音节时前面的成分，《汉语拼音方案》规定这类零声母用 y、w 作为书写形式；另一类是 a、o、e 开头的韵母自成音节后前面的成分，《汉语拼音方案》没有用字母来表示它的书写形式，只是当它们与前面一个音节连写时采用隔音符号“'”分隔。

零声母音节举例：

yi(i)：yī 一；ya(ia)：yā 压；ye(ie)：yě 也；yao(iao)：yáo 摇；you(iou)：yōu 优；yan(ian)：yān 烟；yin(in)：yīn 因；yang(iang)：yāng 秧；ying(ing)：yīng 英；yong(iong)：yōng 拥

wu(u)：wū 屋；wa(ua)：wā 挖；wo(uo)：wǒ 我；wai(uai)：wài 外；wei(uei)：wēi 微；wan(uan)：wān 弯；wen(uen)：wēn 温；wang(uang)：wāng 汪；weng(ueng)：wēng 翁

yu(ü)：yú 余；yue(üe)：yuē 约；yuan(üan)：yuán 元；yun(ün)：yún 云

a：ā 阿；ai：ài 爱；ao：āo 凹；an：ān 安；ang：áng 昂

o：o 哦；ou：ōu 欧；pèi'ǒu 配偶

e：è 饿；en：ēn 恩；er：ér 儿；jī'è 饥饿

三、声母的发音

声母的发音过程可分为三个阶段：成阻、持阻、除阻。声母的发音部位不同，吐字时的着力点就不一样，如 b、p、m 发音时着力点在双唇；d、t 发音时着力点在舌尖，靠舌尖的弹力。因此，发声母音时不要拖长，要“咬住”、弹开。

1. 双唇音

◎ **b：双唇不送气清塞音**

发音时双唇闭合，同时软腭上升，关闭鼻腔通路；气流到达双唇后蓄气，凭借积蓄在口腔中的气流突然打开双唇成声。

声母 b 发音视频

单音节字词

包 bāo　百 bǎi　兵 bīng　本 běn　帮 bāng

多音节词语

变动 biàndòng　鄙视 bǐshì　捕捞 bǔlāo

必然 bìrán　报告 bàogào

◎ **p：双唇送气清塞音**

成阻和持阻阶段与 b 相同。除阻时，声门（声带开合处）大开，从肺部呼出一股较强气流成声。

声母 p 发音视频

单音节字词

品 pǐn　普 pǔ　漂 piào　平 píng　配 pèi

多音节词语

配伍 pèiwǔ　叛逆 pànnì　平行 píngxíng

破格 pògé　拍手 pāishǒu

◎ **m：双唇浊鼻音**

双唇闭合，软腭下垂，打开鼻腔通路；声带振动，气流同时到达口腔和鼻腔，在口腔的双唇后受到阻碍，气流从鼻腔透出成声。

母 m 发音视频

单音节字词

梅 méi　秒 miǎo　麦 mài　猫 māo　孟 mèng

多音节词语

冒火 màohuǒ　灭亡 mièwáng　美貌 měimào

门生 ménshēng　苗木 miáomù

2. 唇齿音

◎ f：齿唇清擦音

声母 f 发音视频

下唇向上靠拢，形成间隙；软腭上升，关闭鼻腔通路；使气流从齿唇形成的间隙摩擦通过而成声。

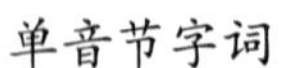

单音节字词

富 fù　风 fēng　费 fèi　帆 fān　房 fáng

多音节词语

粉末 fěnmò　附庸 fùyōng　赔付 péifù

范畴 fànchóu　防备 fángbèi

3. 舌尖中音

◎ d：舌尖中不送气清塞音

声母 d 发音视频

舌尖抵住上齿龈，形成阻塞；软腭上升，关闭鼻腔通路；气流到达口腔后蓄气，突然解除阻塞成声。

单音节字词

达 dá　跌 diē　短 duǎn　堕 duò　栋 dòng

多音节词语

洞察 dòngchá　地板 dìbǎn　弹药 dànyào

冬至 dōngzhì　得失 déshī

◎ t：舌尖中送气清塞音

声母 t 发音视频

成阻、持阻阶段与 d 相同。除阻阶段声门大开，从肺部呼出一股较强的气流成声。

单音节字词

听 tīng　退 tuì　躺 tǎng　铜 tóng　太 tài

多音节词语

庭院 tíngyuàn　调皮 tiáopí　提升 tíshēng

图书 túshū　透彻 tòuchè

◎ n：舌尖中浊鼻音

舌尖抵住上齿龈，形成阻塞；软腭下垂，打开鼻腔通路；声带振动，气流同时到达口腔和鼻腔，在口腔受到阻碍，气流从鼻腔透出成声。

单音节字词

闹 nào　纳 nà　宁 níng　怒 nù　拈 niān

多音节词语

难产 nánchǎn　能量 néngliàng　耐力 nàilì

拟订 nǐdìng　牛犊 niúdú

声母 n 发音视频

◎ l：舌尖中浊边音

舌尖抵住上齿龈，阻塞气流从口腔中路通过的通道；软腭上升，关闭鼻腔通路，声带振动；气流到达口腔后，从舌头跟两颊内侧形成的空隙通过成声。

单音节字词

楼 lóu　落 luò　恋 liàn　林 lín　廊 láng

多音节词语

利益 lìyì　吝啬 lìnsè　量变 liàngbiàn

莲花 liánhuā　罗盘 luópán

声母 l 发音视频

4. 舌根音

◎ g：舌根不送气清塞音

舌面后部隆起抵住硬腭和软腭交界处，形成阻塞；软腭上升，关闭鼻腔通路；气流在形成阻塞的部位后积蓄，突然解除阻塞而成声。

声母 g 发音视频

单音节字词

纲 gāng　歌 gē　稿 gǎo　干 gàn　宫 gōng

多音节词语

高手 gāoshǒu　公馆 gōngguǎn　股份 gǔfèn

冠名 guànmíng　根源 gēnyuán

◎ k：舌根送气清塞音

成阻、持阻阶段与 g 相同。除阻阶段声门大开，从肺部呼出一股较强气流成声。

声母 k 发音视频

单音节字词

考 kǎo　空 kōng　矿 kuàng　垮 kuǎ　肯 kěn

多音节词语

恪守 kèshǒu　　抗衡 kànghéng　　空前 kōngqián

开幕 kāimù　　恐高 kǒnggāo

◎ h：舌面后清擦音

声母 h 发音视频

舌面后部隆起，接近硬腭和软腭的交界处，形成间隙；软腭上升，关闭鼻腔通路，使气流从形成的间隙摩擦通过而成声。

单音节字词

换 huàn　　豪 háo　　户 hù　　哼 hēng　　淮 huái

多音节词语

黄金 huángjīn　　火箭 huǒjiàn　　怀念 huáiniàn

互动 hùdòng　　婚姻 hūnyīn

5. 舌面音

◎ j：舌面前不送气清塞擦音

声母 j 发音视频

舌尖抵住下门齿背，使前舌面贴紧前硬腭，软腭上升，关闭鼻腔通路。在阻塞的部位后面积蓄气流，突然解除阻塞时，在原形成闭塞的部位之间保持适度的间隙，使气流从间隙透出而成声。

单音节字词

肩 jiān　　经 jīng　　卷 juàn　　景 jǐng　　缴 jiǎo

多音节词语

鉴定 jiàndìng　　酱油 jiàngyóu　　进程 jìnchéng

角度 jiǎodù　　激励 jīlì

◎ q：舌面前送气清塞擦音

声母 q 发音视频

成阻阶段与 j 相同，不同的是当前舌面与前硬腭分离并形成适度间隙的时候，声门开启，同时伴有一股较强的气流成声。

单音节字词

琼 qióng　　前 qián　　群 qún　　腔 qiāng　　屈 qū

多音节词语

洽谈 qiàtán　　穷困 qióngkùn　　去处 qùchù

群落 qúnluò　　秋风 qiūfēng

◎ x：舌面前清擦音

声母 x 发音视频

舌尖抵住下门齿背，使前舌面接近硬腭前部，形成适度的间隙，气流从间隙摩擦通过而成声。

单音节字词

县 xiàn　性 xìng　修 xiū　薛 xuē　小 xiǎo

多音节词语

相处 xiāngchǔ　驯化 xùnhuà　小心 xiǎoxīn

绣花 xiùhuā　星空 xīngkōng

6. 舌尖后音

◎ zh：舌尖后不送气清塞擦音

声母 zh 发音视频

舌头前部上举，舌尖抵住硬腭前端，同时软腭上升，关闭鼻腔通路。在形成阻塞的部位后积蓄气流，突然解除阻塞时，在原形成闭塞的部位之间保持适度的间隙，使气流从间隙透出而成声。

单音节字词

职 zhí　住 zhù　闸 zhá　摘 zhāi　章 zhāng

多音节词语

整齐 zhěngqí　震颤 zhènchàn　榨取 zhàqǔ

政法 zhèngfǎ　装载 zhuāngzài

◎ ch：舌尖后送气清塞擦音

声母 ch 发音视频

成阻阶段与 zh 相同，不同的是在突然解除阻塞时，声门开启，同时伴有一股较强的气流成声。

单音节字词

昌 chāng　成 chéng　厨 chú　川 chuān　撑 chēng

多音节词语

沉默 chénmò　川剧 chuānjù　抽查 chōuchá

厂商 chǎngshāng　出让 chūràng

◎ sh：舌尖后清擦音

声母 sh 发音视频

舌头前部上举，接近硬腭前端，形成适度的间隙；同时软腭上升，关闭鼻腔通路，使气流从间隙摩擦通过而成声。

单音节字词

烧 shāo　　收 shōu　　栓 shuān　　胜 shèng　　属 shǔ

多音节词语

失衡 shīhéng　　书法 shūfǎ　　伤寒 shānghán

申报 shēnbào　　树林 shùlín

◎ r：舌尖后浊擦音

声母 r 发音视频

舌头前部上举，接近硬腭前端，形成适度间隙；同时软腭上升，关闭鼻腔通路，使气流从间隙摩擦通过成声。发音部位与 sh 相同，不同的是声带振动，摩擦轻微。

单音节字词

仁 rén　　荣 róng　　嚷 rǎng　　润 rùn　　然 rán

多音节词语

容忍 róngrěn　　热能 rènéng　　软化 ruǎnhuà

瑞丽 ruìlì　　肉眼 ròuyǎn

7. 舌尖前音

◎ z：舌尖前不送气清塞擦音

声母 z 发音视频

舌尖抵住上门齿背形成阻塞，在阻塞的部位后积蓄气流；同时软腭上升，关闭鼻腔通路；突然解除阻塞时，在原形成阻塞的部位之间保持适度的间隙，使气流从间隙透出而成声。

单音节字词

在 zài　　增 zēng　　族 zú　　则 zé　　尊 zūn

多音节词语

资本 zīběn　　总结 zǒngjié　　赞美 zànměi

增长 zēngzhǎng　　字条 zìtiáo

◎ c：舌尖前送气清塞擦音

声母 c 发音视频

成阻阶段与 z 相同，与 z 不同的是在突然解除阻塞时，声门开启，同时伴有一股较强的气流成声。

单音节字词

苍 cāng　　村 cūn　　从 cóng　　草 cǎo　　蹭 cèng

多音节词语

刺刀 cìdāo　餐厅 cāntīng　拼凑 pīncòu

慈爱 cí'ài　粗放 cūfàng

◎ s：舌尖前清擦音

声母 s 发音视频

舌尖接近上门齿背，形成间隙；同时软腭上升，关闭鼻腔通路，使气流从间隙摩擦通过成声。

单音节字词

孙 sūn　素 sù　随 suí　僧 sēng　耸 sǒng

多音节词语

俗话 súhuà　酸枣 suānzǎo　唆使 suōshǐ

虽说 suīshuō　扫描 sǎomiáo

8. 零声母

零声母也是一种声母。实验语音学证明，零声母往往有特定的、具有某些辅音特性的起始方式。普通话零声母可以分为两类：一类是开口呼零声母；另一类是非开口呼零声母。

非开口呼零声母即除开口呼以外的齐齿呼、合口呼、撮口呼三种零声母的起始方式。

齐齿呼零声母音节，汉语拼音用隔音字母 y 开头，由于起始部分没有辅音声母，实际发音带有轻微摩擦，是半元音 [j]，半元音仍属辅音类。

合口呼零声母音节，汉语拼音用隔音字母 w 开头，实际发音带有轻微摩擦，是半元音 [w]。

撮口呼零声母音节，汉语拼音用隔音字母 y(yu) 开头，实际发音带有轻微的摩擦，是半元音 [ɥ]。

发音例词：

威望 wēiwàng　万物 wànwù　洋溢 yángyì　语言 yǔyán　医药 yīyào

四、普通话声母综合训练

（一）双唇阻声母——b、p、m

发音要领：发音时，发音部位的着力点应集中在双唇中央 1/3 处，使字音清晰有力度。注意一定不要抿唇、裹唇，以免字音闷暗不清楚。

b：双唇成阻塞音、不送气、清辅音

单音节字词

巴 播 班 奔 帮 泵 比 背 布 崩 笨 标 备 悲 边 丙

多音节词语

本部 板报 包办 标兵 辨别 遍布 把柄 颁布 宝贝 报表

别具一格 宾至如归 悲欢离合 百发百中 波澜壮阔 博学多才

☆ 绕口令

八百标兵

八百标兵奔北坡，炮兵并排北边跑。炮兵怕把标兵碰，标兵怕碰炮兵炮。（b、p）

炮兵和步兵

炮兵攻打八面坡，炮兵排排炮弹齐发射。步兵逼近八面坡，歼敌八千八百八十多。（b、p、m）

葡萄皮儿

青葡萄，紫葡萄，青葡萄没紫葡萄紫，吃葡萄不吐葡萄皮，不吃葡萄倒吐葡萄皮。（b、p）

爸爸抱宝宝

爸爸抱宝宝，跑到布铺买布做长袍，宝宝穿了长袍不会跑。布长袍破了还要用布补，再跑到布铺买布补长袍。（b、p）

巴老爷和芭蕉树

巴老爷有八十八棵芭蕉树，来了八十八个把式要在巴老爷八十八棵芭蕉树下住。

巴老爷拔了八十八棵芭蕉树，不让八十八个把式在八十八棵芭蕉树下住。八十八个把式烧了八十八棵芭蕉树，巴老爷在八十八棵树边哭。（b）

p：双唇成阻塞音、送气、清辅音

单音节字词

盆 坡 砰 拍 蓬 品 铺 爬 破 偏 撇 票 跑 鹏 频 叵

多音节词语

偏僻 澎湃 批判 乒乓 拼盘 偏颇 评品 爬坡 匹配 皮袍

抛头露面　旁征博引　蓬头垢面　披星戴月　疲于奔命　迫在眉睫

☆　绕口令

补皮裤

皮裤破，补皮裤，皮裤不破不补裤。(b、p)

买饽饽

白伯伯，彭伯伯，饽饽铺里买饽饽。白伯伯买的饽饽大，彭伯伯买的大饽饽。

拿到家里喂婆婆，婆婆又去比饽饽。不知白伯伯买的饽饽大，还是彭伯伯买的饽饽大？（b、p、m）

一座棚

一座棚傍峭壁旁，峰边喷泻瀑布长，不怕暴雨瓢泼冰雹落，不怕寒风扑面雪飘扬，并排分班翻山攀坡把宝找，聚宝盆里松柏飘香百宝藏，背宝奔跑报矿炮劈火，篇篇捷报飞伴金凤凰。(b、p)

m：双唇成阻鼻音、浊辅音

单音节字词

每　某　买　慢　门　梦　忙　面　母　明　满　灭　冒　庙　马　迈

多音节词语

买卖　美满　美妙　盲目　弥漫　牧民　面貌　命名　麻木　渺茫

马到成功　满城风雨　漫不经心　貌合神离　门庭若市　妙手回春

☆　绕口令

一盆面

一盆面，烙一盆饼。饼碰盆，盆碰饼。(b、p、m)

白庙和白猫

白庙外蹲一只白猫，白庙里有一顶白帽。白庙外的白猫看见了白帽，叼着白庙里的白帽跑出了白庙。(b、p、m)

(二) 唇齿阻声母——f

发音要领：发音时上下唇的接触面越小越好，自然放松地靠在一起。发音时不要使拙劲，只需点到即止，否则杂音大，字音也就不清楚。

f：唇齿成阻擦音、清辅音

单音节字词

飞 饭 非 副 翻 逢 乏 房 幅 发 费 富 匪 访 反 罚

多音节词语

仿佛 犯法 伏法 丰富 奋发 夫妇 反复 吩咐 愤愤 防腐

翻天覆地 反复无常 防微杜渐 放虎归山 飞扬跋扈 肺腑之言

☆ 绕口令

画凤凰

粉红墙上画凤凰，凤凰画在粉红墙。红凤凰、粉凤凰，红粉凤凰、花凤凰。（f）

缝飞凤

粉红女发奋缝飞凤，女粉红反缝方法繁。飞凤仿佛发放芬芳，方法非凡反复防范。反缝方法仿佛飞凤，反复翻缝飞凤奋飞。（f）

理化和理发

我们要学理化，他们要学理发。理化不是理发，理化理发要分清，学会理化却不会理发，学会理发也不懂理化。（f）

缝裤

缝一条裤子七道缝，斜缝竖缝和横缝，缝了斜缝缝竖缝，缝了竖缝缝横缝。（f）

（三）舌尖中阻声母——d、t、n、l

发音要领：发音时舌尖与上齿龈灵活有力地接触，注意弹发音节时除阻要干脆利落。

d：舌尖中阻塞音、不送气、清辅音

单音节字词

对 当 但 多 动 得 带 点 党 丢 单 电 短 邓 顿 第

多音节词语

达到 奠定 地点 大胆 等待 弟弟 大地 带动 道德 单独

大庭广众 呆若木鸡 单枪匹马 当机立断 刀山火海 道貌岸然

t：舌尖中阻塞音、送气、清辅音

单音节字词

它 提 听 透 兔 探

多音节词语

团体 探讨 疼痛 淘汰 抬头 拖沓 贪图 谈吐 坦途 逃脱

泰然自若 贪得无厌 谈笑风生 叹为观止 堂堂正正 滔滔不绝

☆ 绕口令

汤烫塔

老唐端蛋汤，踏凳登宝塔只因凳太滑，汤洒汤烫塔。（d、t）

打特盗

调到敌岛打特盗。特盗太刁投短刀，挡推顶打短刀掉，踏盗得刀盗打倒。（d、t）

白石塔

白石塔，白石搭。白石搭白塔，白塔白石搭，搭好白石塔，石塔白又大。（d、t）

颠倒歌

太阳从西往东落，听我唱个颠倒歌。天上打雷没有响，地下石头滚上坡；江里骆驼会下蛋，山里鲤鱼搭成窝；腊月苦热直流汗，六月暴冷打哆嗦；姐在房中手梳头，门外口袋把驴驮。（d、t）

n：舌尖中阻鼻音、浊辅音

单音节字词

年 那 能 你 难 牛 怒 鸟 女 暖 捏 念 拟 脑 闹 泥

多音节词语

奶奶 男女 能耐 恼怒 拿捏 奶牛 妞妞 捏弄 南宁 泥泞

耐人寻味 南腔北调 南征北战 内忧外患 年富力强 逆来顺受

☆ 绕口令

碾牛料

牛拉碾子碾牛料，碾完了牛料留牛料。（n、l）

送牛奶

你能不能把公路旁树下的那头奶牛，拉到牛南山牛奶站来挤奶，牛奶拿到牛牛村，送给南宁公社的牛奶奶。

l：舌尖中阻边音、浊辅音

单音节字词

里 老 另 离 类 冷 路 落 乐 列 乱 蓝 料 临 留

多音节词语

力量 理论 来临 玲珑 流露 历来 联络 浏览 磊落 凌乱

来龙去脉 狼吞虎咽 老马识途 劳燕分飞 乐不思蜀 雷厉风行

☆ 绕口令

牛郎恋刘娘

牛郎年年恋刘娘，刘娘连连念牛郎，牛郎恋刘娘，刘娘念牛郎，郎恋娘来娘念郎。（n、l）

（四）舌根阻声母——g、h、k

发音要领：这是舌根与软腭成阻的一组音，发音时要注意发音位置不要太靠后，呼出的气流也不要太强，以免发出喉音等杂音。

g：舌根阻塞音、不送气、清辅音

单音节字词

歌 高 古 贵 光 国 滚 归 工 刮 逛 沟 广 狗 鼓 瓜

多音节词语

哥哥 规格 骨骼 高贵 巩固 古怪 观光 广告 改过 故宫

孤芳自赏 古往今来 高屋建瓴 冠冕堂皇 光明正大 诡计多端

☆ 绕口令

古老街上胡古老

古老街上胡古老，古老街下古老胡，古老街上的胡古老，找古老街下的古老胡比古老。结果不知是胡古老的古老，比古老胡的古老古老，还是古老胡的古老，比胡古老的古老古老。（g、h、l）

哥哥捉鸽

哥哥过河捉个鸽，回家割鸽来请客，客人吃鸽赞鸽肉，哥哥请客乐呵呵。（g、h、k）

读古通古

苦读古书懂古通古熟古，不读古书不懂古不通古糊涂古。（g、k）

k：舌根阻塞音、送气、清辅音

单音节字词

可 空 亏 卡 阔 开 孔 扣 刻 坑 颗 靠 款 啃 跨 考

多音节词语

可靠 苛刻 空阔 开课 困苦 坎坷 亏空 宽阔 慷慨 克扣

克己奉公 口若悬河 苦口婆心 开诚布公 康庄大道 开天辟地

☆ 绕口令

哥挎瓜筐过宽沟

哥挎瓜筐过宽沟，赶快过沟看怪狗。光看怪狗瓜筐扣，瓜滚筐空哥怪狗。（g、k）

h：舌根阻塞音、清辅音

单音节字词

好 和 会 混 很 喝 花 哈 淮 灰 后 轰 户 慌 化 呼

多音节词语

缓和 荷花 后悔 辉煌 呼唤 合乎 欢呼 黄河 绘画 混合 航海

黑白分明 呼风唤雨 厚此薄彼 和风细雨 好为人师 汗马功劳

☆ 绕口令

华华和红红

华华有两朵黄花，红红有两朵红花，华华要红花，红红要黄花。华华送给红红一朵黄花，红红送给华华一朵红花。（h）

画花也是花

画上盛开一朵花，花朵开花花非花。花非花朵花。花是画上花，画上花开花，画花也是花。（h）

（五）舌面阻声母——j、q、x

发音要领：舌面和硬腭前端成阻的一组音。注意发音时舌尖抵住下齿龈，不要让舌尖碰触到上下齿的中间，只需舌面前部向上抬起与硬腭前端成阻即可，以免发出尖音。

j：舌面阻塞擦音、不送气、清辅音

单音节字词

急 进 见 节 脚 街 句 件 价 就 叫 卷 假 井 倦 炯

多音节词语

经济 解决 积极 阶级 季节 坚决 将军 即将 拒绝 究竟

饥不择食 坚不可摧 焦头烂额 截然不同 今非昔比 金科玉律

☆ 绕口令

京剧与警句

京剧叫京剧，警句叫警句。京剧不能叫警句，警句不能叫京剧。（j）

比尖

尖塔尖，尖杆尖。杆尖尖似塔尖尖，塔尖尖似杆尖尖。有人说杆尖比塔尖尖，有人说塔尖比杆尖尖。不知到底是杆尖比塔尖尖，还是塔尖比杆尖尖。（j）

q：舌面阻塞擦音、送气、清辅音

单音节字词

千 切 去 强 取 区 且 权 穷 秋 确 琴 怯 洽 群 抢

多音节词语

亲切 确切 恰巧 气球 亲戚 崎岖 齐全 七千 前期 全球

恰如其分 齐心协力 千篇一律 前仆后继 巧立名目 亲密无间

☆ 绕口令

七加一

七加一，七减一，加完减完等于几？七加一，七减一，加完减完还是七。（j、q）

稀奇

稀奇稀奇真稀奇，麻雀踩死老母鸡，蚂蚁身高三尺六，八十岁的老头躺在摇篮里。（j、q、x）

x：舌面阻擦音、清辅音

单音节字词

想 向 新 写 小 选 学 寻 修 行 鞋 雪 消 凶 峡 信

多音节词语

学习　相信　虚心　小学　现象　新鲜　休息　信心　新兴

熙熙攘攘　喜笑颜开　先见之明　弦外之音　销声匿迹　笑逐颜开

☆ 绕口令

漆匠和锡匠

七巷一个漆匠，西巷一个锡匠，七巷漆匠偷了西巷锡匠的锡，西巷锡匠拿了七巷漆匠的漆，七巷漆匠气西巷锡匠偷了漆，西巷锡匠讥七巷漆匠拿了锡。请问锡匠和漆匠，谁拿谁的锡，谁偷谁的漆？（j、q、x）

（六）舌尖后阻声母——zh、ch、sh、r

发音要领：这是舌尖与硬腭前端成阻的一组音。注意，发音时，舌尖是抬起来向硬腭前端靠近，而不是向后卷起，而且发音部位的接触面越小越好，以免发音含混不清。

zh：舌尖后阻塞擦音、不送气、清辅音

单音节字词

这　只　真　扎　张　抓　重　周　追　正　中　转　准　装　拽　摘

多音节词语

政治　战争　住宅　挣扎　指正　转折　着重　专著　蜘蛛　专职

招兵买马　掌上明珠　招摇过市　真知灼见　正本清源　知己知彼

☆ 绕口令

知道不知道

认识从实践始，实践出真知。知道就是知道，不知道就是不知道。不要知道说不知道，也不要不知道装知道，老老实实，实事求是，一定要做到不折不扣的真知道。（zh、sh）

ch：舌尖后阻塞擦音、送气、清辅音

单音节字词

出　成　长　穿　插　车　查　柴　朝　冲　趁　船　拆　缠　唱　称

多音节词语

长处　超出　出差　长城　橱窗　车床　惆怅　超产　踌躇　长春

缠绵悱恻　长年累月　车水马龙　超群绝伦　陈词滥调　沉默寡言

☆　绕口令

朱叔锄竹笋

朱家一株竹，竹笋初长出。朱叔处处锄，锄出笋来煮，锄完不再出，朱叔没笋煮，竹株又干枯。（zh、sh）

sh：舌尖后阻擦音、清辅音

单音节字词

上　谁　说　使　手　水　受　树　声　沙　栓　闪　山　晒　双　烧

多音节词语

事实　叔叔　手术　上升　闪烁　收拾　失手　舒适　山水　膳食

山清水秀　善始善终　稍纵即逝　赏心悦目　舍己救人　身体力行

☆　绕口令

热情学时事

史老师，讲时事，常学时事长知识。时事学习看报纸，报纸登的是时事，心里装着天下事。（zh、ch、sh）

羊上山

山羊上山，山碰山羊角，水牛下水，水没水牛腰。（sh）

r：舌尖后阻擦音、浊辅音

单音节字词

如　让　热　仍　容　入　任　若　惹　韧　染　软　闰　扰　仁　柔

多音节词语

仍然　软弱　容忍　扰攘　融入　柔韧　闰日　荣辱　冉冉　荏弱

人杰地灵　仁至义尽　忍俊不禁　任劳任怨　日理万机　容光焕发

☆　绕口令

练舌头

天上有个日头，地下有块石头，嘴里有个舌头，手上有五个手指头。不管是天上的热日头，地下的硬石头，嘴里的软舌头，手上的手指头，还是热日头，硬石头，软舌头，手指头，反正都是练舌头。（sh、r）

（七）舌尖前阻声母——z、c、s

发音要领：这是舌尖和上门齿或下门齿成阻的一组音。发音时，舌尖与上门齿或下门齿的接触面要尽量小，成点不成片，否则发音部位的力量不集中，使发音显得混浊不干净。

z：舌尖前阻塞擦音、不送气、清辅音

单音节字词

在 走 做 最 字 早 杂 脏 怎 总 尊 紫 暂 砸 造 赠

多音节词语

组织 咂嘴 栽赃 再则 遭罪 曾祖 凿子 枣子 在座 藏族

杂乱无章 在所不辞 赞不绝口 载歌载舞 责无旁贷 再接再厉

☆ 绕口令

做早操

早晨早早起，早起做早操，人人做早操，做操身体好。（z、c）

c：舌尖前阻塞擦音、送气、清辅音

单音节字词

才 次 擦 册 此 曾 村 藏 侧 层 凑 蚕 菜 苍 窜 错

多音节词语

从此 层次 猜测 残存 粗糙 草丛 仓促 参差 蚕簇 差错

草木皆兵 层出不穷 从容不迫 粗枝大叶 聪明才智 促膝谈心

☆ 绕口令

子词丝

四十四个字和词，组成了一首子词丝的绕口词。桃子李子梨子栗子橘子柿子棒子，栽满院子村子和寨子。刀子斧子锯子凿子锤子刨子尺子做出桌子椅子和箱子。名词动词数词量词代词副词助词连词造成语词诗词和唱词。蚕丝生丝热丝染丝晒丝纺丝织丝自制粗丝细丝人造丝。（z、c、s）

山前有个崔粗腿

山前有个崔粗腿，山后有个崔腿粗。二人山前来比腿，不知是崔粗腿比崔腿粗的腿粗，还是崔腿粗比崔粗腿的腿粗？（c）

s：舌尖前阻擦音、清辅音

单音节字词

三 所 送 艘 扫 桑 色 涩 岁 素 索 塞 森 酸 孙 四

多音节词语

思索 色数 嫂嫂 僧俗 洒扫 搜索 飒飒 三思 瑟缩 诉讼

塞翁失马 三顾茅庐 丧权辱国 肃然起敬 所向披靡 耸人听闻

☆ 绕口令

糊字纸

纸刚往窗上糊字纸，你就隔着窗户撕字纸，一次撕下横字纸，一次撕下竖字纸，横竖两次撕了四十四张湿字纸。是字纸你就撕字纸，不是字纸，你就不要胡乱地撕一地纸。（zh、s、z）

三山四水

三山撑四水，四水绕三山，三山四水春常在，四水三山四时春。（s、sh）

四和十

四是四，十是十，十四是十四，四十是四十，谁能说准四十、十四、四十四，谁来试一试，谁说十四是四十，就打谁十四，谁说四十是细席，就打谁四十。（s、sh）

三月三，小三去登山

三月三，小三去登山；上山又下山，下山又上山；登了三次山，跑了三里三；出了一身汗，湿了三件衫；小三山上大声喊，离天只有三尺三。（s、sh）

第三章

普通话韵母

一、什么是韵母

一个音节中声母后面的部分叫韵母，如“pǔtōnghuà”三个音节中 u、ong、ua 都是韵母。韵母发音响亮、清晰，是由元音充当的，也有些韵母在元音后面带有鼻辅音作韵尾。普通话语音共有 39 个韵母，它们的发音取决于舌位的高低（舌面的高低）、前后、口的开合大小、唇形的圆与不圆的变化。韵母又可以分成韵头（介音）、韵腹（主要元音）、韵尾三部分。如“qiáng”的韵母是 iang，其中 i 是韵头，a 是韵腹，ng 是韵尾。每个韵母一定有韵腹，但不一定有韵头和韵尾。如“bā”的韵母是 a，a 是韵腹，没有韵头、韵尾；“huā”的韵母是 ua，其中 u 是韵头，a 是韵腹，没有韵尾；“chāo”的韵母是 ao，其中 a 是韵腹，o 是韵尾，没有韵头。

二、韵母的分类

（一）单韵母

a、o、e、ê、i、u、ü、er、-i（前）、-i（后），共 10 个。

a：舌位低，口大开。

发音例词：大厦 dàshà　发达 fādá

o：舌位后半高，口半闭，唇圆。

发音例词：默默 mòmò　婆婆 pópo

e：舌位后半高，口半闭，唇不圆。

发音例词：合格 hégé　特色 tèsè

ê：舌位前半低，口半开，唇不圆。这个单元音一般不独立作韵母或成音节，它的作用是和 i、ü 结合成复韵母 ie、üe。

发音例词：节约 jiéyuē　血液 xuèyè

i：舌位前高、口闭，唇不圆。

发音例词：地基 dìjī　比例 bǐlì

u：舌位后高，口闭，唇圆。

发音例词：图书 túshū　初步 chūbù

ü：舌位前高，口闭，唇圆。

发音例词：区域 qūyù　聚居 jùjū

er：舌位央，发音时舌尖上卷，又称卷舌韵母。

发音例词：而且 érqiě　耳朵 ěrduo

-i（前）：舌尖前，不圆唇。这个单元音不能独立作韵母或成音节，只能和声母 z、c、s 构成音节。又称特别韵母。

发音例词：自私 zìsī　四次 sìcì

-i（后）：舌尖后，不圆唇。这个单元音不能独立作韵母或成音节，只能和声母 zh、ch、sh、r 构成音节。又称特别韵母。

发音例词：知识 zhīshi　失职 shīzhí

《汉语拼音方案》规定单韵母 i 和两个特别韵母合用一个字母，它们在音节里出现的音节条件不同，单韵母 i 不会和 zh、ch、sh、r，z、c、s 构成音节；两个特别韵母只和 zh、ch、sh、r，z、c、s 构成音节。i[ɿ]（前）发音例词：字，词，丝；i[ʅ]（后）发音例词：支，持，十，日。单独书写时，特别韵母写成 -i，在它们后面分别用国际音标【ɿ] 和 ʅ]】注明，以资区别。

（二）复韵母

复韵母有 ai、ei、ao、ou、ia、ie、ua、uo、üe、iao、iou、uai、uei，共 13 个。这类韵母由两个或三个元音组合而成。复韵母分成三小类。

1. 前响复韵母 4 个，由两个元音结合而成。发音时由前一个元音的舌位、口形向后一个元音的舌位、口型的方向滑动，中间有一个舌位的动程，实际上不到后一个元音的舌位，这个韵母就发完了，所以前一个元音响亮、清晰，后一个元音轻短、模糊。

ai 发音例词：开采 kāicǎi　海带 hǎidài

ei 发音例词：配备 pèibèi　非得 fēiděi

ao 发音例词：号召 hàozhào　报告 bàogào

ou 发音例词：收购 shōugòu　口头 kǒutóu

2. 后响复韵母 5 个，由两个元音结合而成。发音时由前一个元音的舌位、口形向后一个元音的舌位、口形滑动，前一个元音的发音轻短，后一个元音的发音响亮。

ia 发音例词：家业 jiāyè　下列 xiàliè

ie 发音例词：贴切 tiēqiè　结业 jiéyè

ua 发音例词：画家 huàjiā　佳话 jiāhuà

uo 发音例词：过错 guòcuò　国货 guóhuò

üe 发音例词：月夜 yuèyè　确切 quèqiè

3. 中响复韵母 4 个，由三个元音结合而成，发音时舌位依次滑动，动程较长。前一个元音的发音轻短，中间一个元音的发音响亮清晰，最后一个元音发音短而模糊。其中 iou、uei 和声母构成音节后中间的元音几乎丢失，《汉语拼音方案》规定书写形式为 iu、ui。

iao 发音例词：巧妙 qiǎomiào　教条 jiàotiáo

iou（iu）发音例词：优秀 yōuxiù　悠久 yōujiǔ

uai 发音例词：拐角 guǎijiǎo　衰退 shuāituì

uei（ui）发音例词：归队 guīduì　尾随 wěisuí

（三）鼻韵母

鼻韵母有：an、ian、uan、üan、en、in、uen、ün、ang、iang、uang、eng、ing、ueng、ong、iong，共 16 个。这类韵母由元音和鼻辅音结合而成，鼻辅音充当韵尾。充当韵尾的鼻辅音有 n 和 ng 两个，鼻韵母以此分为两类。

1. n 尾的鼻韵母有 8 个，由一个或两个元音和 n 尾音结合而成，这类鼻韵母也称前鼻韵母（俗称前鼻音）。其中 uen 和声母构成音节后，元音 e 的声音几乎丢失，《汉语拼音方案》规定书写形式为 un。

an 发音例词：谈判 tánpàn　灿烂 cànlàn

ian 发音例词：联系 liánxì　点头 diǎntóu

uan 发音例词：贯穿 guànchuān　专款 zhuānkuǎn

üan 发音例词：圆圈 yuánquān　全权 quánquán

en 发音例词：根本 gēnběn　身份 shēnfèn

in 发音例词：辛勤 xīnqín　邻近 línjìn

uen（un）发音例词：温顺 wēnshùn　混沌 hùndùn

ün 发音例词：军训 jūnxùn　询问 xúnwèn

2. ng 尾的鼻韵母有 8 个，由一个或两个元音和 ng 尾音结合而成，因为 ng 发音部位是舌面后部（舌根部分），所以这类韵母也称后鼻韵母（俗称后鼻音）。其中 ueng 只有零声母音节，不和其他声母相拼；ong 一定要和声母相拼，没有零声母音节。

ang 发音例词：厂房 chǎngfáng　帮忙 bāngmáng

iang 发音例词：向阳 xiàngyáng　亮相 liàngxiàng

uang 发音例词：状况 zhuàngkuàng　装潢 zhuānghuáng

eng 发音例词：整风 zhěngfēng　丰盛 fēngshèng

ing 发音例词：宁静 níngjìng　经营 jīngyíng

ueng 发音例词：老翁 lǎowēng　主人翁 zhǔrénwēng

ong 发音例词：公共 gōnggòng　冲动 chōngdòng

iong 发音例词：汹涌 xiōngyǒng　炯炯 jiǒngjiǒng

三、韵母的发音

（一）单韵母

韵母 a 发音视频

◎　a：舌面、央、低、不圆唇元音

发音时，口自然打开，扁唇，舌头居中央，舌面中部略隆起，舌尖置于下齿龈，声带振动。软腭上升，关闭鼻腔通路。

单音节字词

搭 dā　茶 chá　沙 shā　札 zhá　马 mǎ

多音节词语

打岔 dǎchà　发达 fādá　大麻 dàmá

撒谎 sāhuǎng　罢休 bàxiū

韵母 o 发音视频

◎　o：舌面、后、半高、圆唇元音

发音时，口半闭，圆唇，舌头后缩，舌面后部略隆起，舌尖置于下齿龈后，声带振动，软腭上升，关闭鼻腔通路。

单音节字词

泼 pō　伯 bó　膜 mó　佛 fó　破 pò

多音节词语

破旧 pòjiù　　抚摸 fǔmō　　佛教 fójiào

公婆 gōngpó　胁迫 xiépò

◎ e：舌面、后、半高、不圆唇元音

发音时，口半闭，扁唇，舌头后缩，舌面后部略隆起，舌面两边微卷，舌面中部稍凹，舌尖置于下齿龈后，嘴角向两边微展，声带振动，软腭上升，关闭鼻腔通路。

韵母 e 发音视频

单音节字词

社 shè　　课 kè　　册 cè　　勒 lè　　格 gé

多音节词语

姿色 zīsè　　陈设 chénshè　　备课 bèikè

学者 xuézhě　化合 huàhé

◎ ê：舌面、前、半低、不圆唇元音

发音时，口自然打开，扁唇，舌头前伸，舌面前部略隆起，舌尖抵住下齿背，嘴角向两边微展，声带振动，软腭上升，关闭鼻腔通路。

在普通话中，ê 只在语气词“欸”中单用。ê 不与任何辅音声母相拼，只构成复韵母 ie、üe，并在书写时省去上面的附加符号“ˆ”。

单音节字词

欸（ê）表示招呼、诧异、不认可、不同意、答应或同意。

多音节词语

消灭 xiāomiè　　坚决 jiānjué　　约略 yuēlüè

告别 gàobié　　感谢 gǎnxiè

◎ i：舌面、前、高、不圆唇元音

发音时，口微开，扁唇，上下齿相对，舌头前伸，舌面前部略隆起，舌尖抵住下齿背，嘴角向两边微展，声带振动，软腭上升，关闭鼻腔通路。

韵母 i 发音视频

单音节字词

忌 jì　　梯 tī　　尼 ní　　依 yī　　毕 bì

多音节词语

用力 yònglì　　火气 huǒqì　　稀奇 xīqí

搏击 bójī　　深意 shēnyì

韵母 u 发音视频

◎ u：舌面、后、高、圆唇元音

发音时，口微开，圆唇，舌头后缩，舌面后部高度隆起和软腭相对，舌尖置于下齿龈后，声带振动，软腭上升，关闭鼻腔通路。

单音节字词

怒 nù　负 fù　古 gǔ　儒 rú　醋 cù

多音节词语

铺路 pūlù　反刍 fǎnchú　簇拥 cùyōng

可恶 kěwù　常数 chángshù

韵母 ü 发音视频

◎ ü：舌面、前、高、圆唇元音

发音时，口微开，圆唇（近椭圆）略向前突，舌头前伸，舌面前部略隆起，舌尖抵住下齿背，声带振动，软腭上升，关闭鼻腔通路。

单音节字词

遇 yù　具 jù　女 nǚ　续 xù　瞿 qú

多音节词语

西域 xīyù　绿地 lǜdì　些许 xiēxǔ

换取 huànqǔ　拒绝 jùjué

韵母 er 发音视频

◎ er：卷舌、央、中、不圆唇元音

er 的发音是在 [ə] 的基础上加上卷舌动作而成。发音时，口腔自然打开（是 ɑ[A] 的开口度的一半），扁唇，舌头居中央，舌尖向硬腭中部上卷（但不接触），声带振动，软腭上升，关闭鼻腔通路。

单音节字词

二 èr　儿 ér　饵 ěr　耳 ěr

多音节词语

二胡 èrhú　耳环 ěrhuán　儿戏 érxì

健儿 jiàn'ér　而后 érhòu

韵母 -i（前）发音视频

◎ -i（前）：舌尖、前、高、不圆唇元音

发音时，口微开，扁唇，嘴角向两边展开，舌头平伸，舌尖靠近上齿背，声带振动，软腭上升，关闭鼻腔通路。该韵母只出现在 z、c、s 声母的后面。

单音节字词

慈 cí　思 sī　紫 zǐ　嗣 sì　自 zì

多音节词语

自治 zìzhì　　如此 rúcǐ　　螺丝 luósī

台词 táicí　　公私 gōngsī

◎ -i（后）：舌尖、后、高、不圆唇元音

发音时，口微开，扁唇，嘴角向两边展开，舌尖上翘，靠近硬腭前部，声带振动，软腭上升，关闭鼻腔通路。该韵母只出现在 zh、ch、sh、r 声母的后面。

韵母 -i（后）发音视频

单音节字词

知 zhī　　耻 chǐ　　事 shì　　嗤 chī　　掷 zhì

多音节词语

夯实 hāngshí　　迟缓 chíhuǎn　　训斥 xùnchì

展翅 zhǎnchì　　信纸 xìnzhǐ

（二）复韵母

◎ ai

发音时，ɑ[a] 是比单元音 ɑ[A] 舌位靠前的前低不圆唇元音。发 ɑ[a] 时，口大开，扁唇，舌面前部略隆起，舌尖抵住下齿背，声带振动。发 ai 时，ɑ[a] 清晰响亮，后头元音 i[i] 含混模糊，只表示舌位滑动的方向。

韵母 ai 发音视频

单音节字词

艾 ài　　赖 lài　　腮 sāi　　钛 tài　　斋 zhāi

多音节词语

育才 yùcái　　旱灾 hànzāi　　怠工 dàigōng

白昼 báizhòu　　摆脱 bǎituō

◎ ei

发音时，起点元音是前半高不圆唇元音 e[e]，实际发音舌位略靠后靠下，接近央元音 [ə]。发 ei[ei] 时，开头的元音 e[e] 清晰响亮，舌尖抵住下齿背，使舌面前部隆起与硬腭中部相对。从 e[e] 开始舌位升高，向 i[i] 的方向往前高滑动，i[i] 的发音含混模糊，只表示舌位滑动的方向。

韵母 ei 发音视频

单音节字词

肥 féi　倍 bèi　蕾 lěi　贼 zéi　媚 mèi

多音节词语

杨梅 yángméi　背叛 bèipàn　白费 báifèi

内地 nèidì　卑劣 bēiliè

◎ ao

韵母 ao 发音视频

发音时，ɑ[ɑ] 是比单元音 ɑ[A] 舌位靠后的后低不圆唇元音。发 ɑ[ɑ] 时，口大开，扁唇，舌头后缩，舌面后部略隆起，声带振动。发 ao[ɑu] 时，ɑ[ɑ] 清晰响亮，后头的元音 o[u] 舌位状态接近单元音 u[u]（拼写作 o，实际发音接近 u），但舌位略低，只表示舌位滑动的方向。

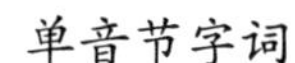

单音节字词

包 bāo　跑 pǎo　扫 sǎo　遭 zāo　篙 gāo

多音节词语

照应 zhàoyìng　高潮 gāocháo　懊恼 àonǎo

长跑 chángpǎo　招徕 zhāolái

◎ ou

韵母 ou 发音视频

发音时，起点元音 o 比单元音 o[o] 的舌位略高、略前，唇形略圆。发音时，开头的元音 o[o] 清晰响亮，舌位向 u 的方向滑动，u[u] 的发音含混模糊，只表示舌位滑动的方向。ou 是普通话复韵母中动程最短的复合元音。

单音节字词

娄 lóu　丑 chǒu　购 gòu　瘦 shòu　洲 zhōu

多音节词语

猛兽 měngshòu　抖动 dǒudòng　楼阁 lóugé

血肉 xuèròu　函授 hánshòu

◎ ia

韵母 ia 发音视频

发音时，从前高元音 i[i] 开始，舌位滑向央低元音 ɑ[A] 结束。i[i] 的发音较短，ɑ[A] 的发音响亮而且时间较长。

单音节字词

夏 xià　嘉 jiā　雅 yǎ　恰 qià　娅 yà

多音节词语

惊吓 jīngxià　　欺压 qīyā　　狭隘 xiá'ài

恰如 qiàrú　　驾驭 jiàyù

◎ ie

发音时，从前高元音 i[i] 开始，舌位滑向前半低元音 [ɛ] 结束。i[i] 的发音较短，[ɛ] 的发音响亮而且时间较长。

韵母 ie 发音视频

单音节字词

歇 xiē　　切 qiè　　瞥 piē　　劫 jié　　妾 qiè

多音节词语

先烈 xiānliè　　历届 lìjiè　　切片 qiēpiàn

派别 pàibié　　缔结 dìjié

◎ ua

发音时，从后高圆唇元音 u[u] 开始，舌位滑向央低元音 ɑ[A] 结束。唇形由最圆逐步展开到不圆。u[u] 的发音较短，ɑ[A] 的发音响亮而且时间较长。

韵母 ua 发音视频

单音节字词

滑 huá　　抓 zhuā　　夸 kuā　　卦 guà　　画 huà

多音节词语

荷花 héhuā　　多寡 duōguǎ　　谋划 móuhuà

夸大 kuādà　　华夏 huáxià

◎ uo

由圆唇后元音复合而成。发音时，从后高元音 u[u] 开始，舌位向下滑到后半高元音 o[o] 结束。发音过程中，唇保持圆形，开头最圆，结尾圆唇度略减。u[u] 的发音较短，o[o] 的发音响亮而且时间较长。

韵母 uo 发音视频

单音节字词

托 tuō　　锅 guō　　浊 zhuó　　踱 duó　　阔 kuò

多音节词语

国营 guóyíng　　错误 cuòwù　　火山 huǒshān

萎缩 wěisuō　　轮廓 lúnkuò

◎ üe

韵母 üe 发音视频

由前元音复合而成。发音时，从圆唇的前高元音 ü[y] 开始，舌位下滑到前半低元音 [ε]，唇形由圆到不圆。ü[y] 的发音较短，[ε] 的发音响亮而且时间较长。

单音节字词

爵 jué　　靴 xuē　　阅 yuè　　穴 xué　　确 què

多音节词语

缺德 quēdé　　查阅 cháyuè　　血浆 xuèjiāng

坚决 jiānjué　　喜鹊 xǐquè

◎ iao

韵母 iao 发音视频

发音时，由前高不圆唇元音 i[i] 开始，舌位降至后低元音 ɑ[ɑ]，然后再向后高圆唇元音 u[u] 的方向滑升。唇形从中间的元音 ɑ[ɑ] 开始由不圆唇变为圆唇。

单音节字词

缴 jiǎo　　表 biǎo　　消 xiāo　　燎 liáo　　俏 qiào

多音节词语

微妙 wēimiào　　助教 zhùjiào　　陡峭 dǒuqiào

烹调 pēngtiáo　　提交 tíjiāo

◎ iou

韵母 iou 发音视频

发音时，由前高不圆唇元音 i[i] 开始，舌位后移且降至后半高元音 [o]，然后再向后高圆唇元音 u[u] 的方向滑升。发音过程中，舌位先降后升，由前到后。唇形由不圆唇开始到后元音 [o] 时，逐渐圆唇。

注：iou 前面加声母的时候写作 iu，例如 niú（牛）；iou 前面没有声母的时候写作 you，例如 yōu（优）。

单音节字词

牛 niú　　求 qiú　　揪 jiū　　柳 liǔ　　铀 yóu

多音节词语

导游 dǎoyóu　　优良 yōuliáng　　担忧 dānyōu

诱导 yòudǎo　　幽灵 yōulíng

◎ uai

发音时，由圆唇的后高元音 u[u] 开始，舌位向前滑降到前低不

圆唇元音 ɑ[ɑ]（即“前 ɑ”），然后再向前高不圆唇元音 i[i] 的方向滑升。舌位动程先降后升，由后到前。唇形从最圆开始，逐渐减弱圆唇度，至发前元音 ɑ[a] 始渐变为不圆唇。

韵母 uai 发音视频

单音节字词

帅 shuài　　怪 guài　　踹 chuài　　跩 zhuǎi　　筷 kuài

多音节词语

另外 lìngwài　　衰亡 shuāiwáng　　尽快 jǐnkuài

拐弯 guǎiwān　　外交 wàijiāo

◎ uei

发音时，由后高圆唇元音 u[u] 开始，舌位向前向下滑到前半高不圆唇元音 e[e] 的位置，然后再向前高不圆唇元音 i[i] 的方向滑升。发音过程中，舌位先降后升，由后到前。唇形从最圆开始，随着舌位的前移，渐变为不圆唇。

韵母 uei 发音视频

注：uei 前面加声母的时候写作 ui，例如 guī（归）；uei 前面没有声母的时候写作 wei，例如 wēi（威）。

单音节字词

辉 huī　　未 wèi　　愧 kuì　　微 wēi　　萃 cuì

多音节词语

追悼 zhuīdào　　山水 shānshuǐ　　解围 jiěwéi

精髓 jīngsuǐ　　类推 lèituī

（三）鼻韵母

◎ an

发音时，起点元音是前低不圆唇元音 ɑ[a]，舌尖抵住下齿背，舌位降到最低，软腭上升，关闭鼻腔通路。口形由开到合，舌位移动较大。

韵母 an 发音视频

单音节字词

汉 hàn　　残 cán　　黯 àn　　掺 chān　　染 rǎn

多音节词语

安定 āndìng　　含混 hánhùn　　拦腰 lányāo

客栈 kèzhàn　　漫游 mànyóu

◎ en

韵母 en 发音视频

发音时，起点元音是央元音 e[ə]，舌位居中（不高不低不前不后），舌尖接触下齿背，舌面隆起部位受韵尾影响略靠前。口形由开到闭，舌位移动较小。

单音节字词

真 zhēn　身 shēn　臣 chén　苯 běn　份 fèn

多音节词语

独身 dúshēn　呻吟 shēnyín　粉尘 fěnchén

深信 shēnxìn　震惊 zhènjīng

◎ in

韵母 in 发音视频

发音时，起点元音是前高不圆唇元音 i[i]，舌尖抵住下齿背，软腭上升，关闭鼻腔通路。从舌位最高的前元音 i[i] 开始，舌面升高，舌面前部抵住硬腭前部，当两者将要接触时，软腭下降，打开鼻腔通路，紧接着舌面前部与硬腭前部闭合，使在口腔中受到阻碍的气流从鼻腔透出。开口度几乎没有变化，舌位动程很小。

单音节字词

隐 yǐn　麟 lín　津 jīn　阴 yīn　噙 qín

多音节词语

费心 fèixīn　奖金 jiǎngjīn　殷实 yīnshí

激进 jījìn　高薪 gāoxīn

◎ ün

韵母 ün 发音视频

发音时，起点元音是前高圆唇元音 ü[y]，与 in 的发音过程基本相同，只是唇形变化不同。从圆唇的前元音 ü 开始，唇形从圆唇逐步展开，而 in 的唇形始终是展唇。

单音节字词

芸 yún　循 xún　菌 jūn　韵 yùn　允 yǔn

多音节词语

浮云 fúyún　蕴藏 yùncáng　询问 xúnwèn

运势 yùnshì　运筹 yùnchóu

◎ ian

发音时，从前高不圆唇元音 i[i] 开始，舌位向前低元音 a[a]（前

a）的方向滑降，舌位降到半低前元音 [ɛ] 的位置就开始升高。

韵母 ian 发音视频

单音节字词

谏 jiàn　　咽 yàn　　变 biàn　　炼 liàn　　嵌 qiàn

多音节词语

面孔 miànkǒng　　清闲 qīngxián　　健儿 jiànér

有限 yǒuxiàn　　嫌疑 xiányí

◎ uan

韵母 uan 发音视频

发音时，由圆唇的后高元音 u[u] 开始，口型迅速由合口变为开口状，舌位向前迅速滑降到不圆唇的前低元音 a[a]（前 a）的位置，然后开始升高。

单音节字词

煅 duàn　　卵 luǎn　　篆 zhuàn　　癣 xuǎn　　酸 suān

多音节词语

款项 kuǎnxiàng　　港湾 gǎngwān　　转告 zhuǎngào

顶端 dǐngduān　　精选 jīngxuǎn

◎ üan

韵母 üan 发音视频

发音时，由圆唇的后高元音 ü[y] 开始，向前低元音 a[a] 的方向滑降。舌位降到前半低元音 [æ] 略后的位置就开始升高。

单音节字词

冤 yuān　　垣 yuán　　远 yuǎn　　愿 yuàn　　猿 yuán

多音节词语

埋怨 mányuàn　　意愿 yìyuàn　　远洋 yuǎnyáng

源泉 yuánquán　　高原 gāoyuán

◎ uen

韵母 uen 发音视频

发音时，由圆唇的后高元音 u[u] 开始，向央元音 e[ə] 的位置滑降，然后舌位升高。发 e[ə] 后，软腭下降，逐渐增强鼻音成分，舌尖迅速移到上齿龈，最后抵住上齿龈做出发鼻音 en 的状态。唇形由圆唇在向中间折点元音滑动的过程中渐变为展唇。

注：uen 前面加声母的时候写作 un，例如 lùn（论）；uen 前面没有声母的时候写作 wen，例如 wén（文）。

单音节字词

瘟 wēn　闻 wén　吻 wěn　问 wèn　稳 wěn

多音节词语

文本 wénběn　问卷 wènjuàn　稳步 wěnbù

常温 chángwēn　询问 xúnwèn

◎ ang

韵母 ang 发音视频

发音时，起点元音是后低不圆唇元音 ɑ[ɑ]（后 ɑ），口大开，舌尖离开下齿背，舌头后缩。从“后 ɑ”开始，舌面后部抬起，当贴近软腭时，软腭下降，打开鼻腔通路，紧接着舌根与软腭接触，封闭口腔通路，气流从鼻腔透出。

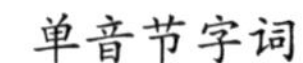

单音节字词

昂 áng　塘 táng　赃 zāng　纲 gāng　棒 bàng

多音节词语

散场 sànchǎng　悲伤 bēishāng　牧场 mùchǎng

苍老 cānglǎo　热浪 rèlàng

◎ eng

韵母 eng 发音视频

发音时，起点元音是央元音 e[ə]。从 e[ə] 开始，舌面后部抬起，贴向软腭。当两者将要接触时，软腭下降，打开鼻腔通路，紧接着舌面后部抵住软腭，使在口腔中受到阻碍的气流从鼻腔透出。

单音节字词

等 děng　蜂 fēng　仍 réng　城 chéng　萌 méng

多音节词语

准绳 zhǔnshéng　耕地 gēngdì　梦幻 mènghuàn

盛会 shènghuì　冷却 lěngquè

◎ ing

韵母 ing 发音视频

发音时，起点元音是前高不圆唇元音 i[i]，舌尖接触下齿背，舌面前部隆起。从 i[i] 开始，舌面隆起部位不降低，一直后移，舌尖离开下齿背，逐步使舌面后部隆起，贴向软腭。当两者将要接触时，软腭下降，打开鼻腔通路，紧接着舌面后部抵住软腭，封闭口腔通路，气流从鼻腔透出。口型没有明显变化。

单音节字词

零 líng　饼 bǐng　庆 qìng　挺 tǐng　定 dìng

多音节词语

经营 jīngyíng　评估 pínggū　竞争 jìngzhēng

侥幸 jiǎoxìng　铭记 míngjì

◎ ong

发音时，起点元音是后高圆唇元音 u[u]，但比 u 的舌位略低一点，舌尖离开下齿背，舌头后缩，舌面后部隆起，软腭上升，关闭鼻腔通路。唇形始终拢圆。

韵母 ong 发音视频

单音节字词

红 hóng　拱 gǒng　送 sòng　纵 zòng　通 tōng

多音节词语

领空 lǐngkōng　容许 róngxǔ　颂扬 sòngyáng

恭敬 gōngjìng　拉拢 lālǒng

◎ iang

发音时，由前高不圆唇元音 i[i] 开始，舌位向后滑降到后低元音 ɑ[ɑ]（后 ɑ），然后舌位升高。

韵母 iang 发音视频

单音节字词

项 xiàng　凉 liáng　江 jiāng　翔 xiáng　呛 qiàng

多音节词语

两翼 liǎngyì　石匠 shíjiàng　向阳 xiàngyáng

双向 shuāngxiàng　重量 zhòngliàng

◎ uang

发音时，由圆唇的后高元音 u[u] 开始，舌位滑降至后低元音 ɑ[ɑ]（后 ɑ），然后舌位升高。从后低元音 ɑ[ɑ] 开始，舌面后部贴向软腭。唇形从圆唇在向折点元音的滑动中渐变为展唇。

韵母 uang 发音视频

单音节字词

狂 kuáng　窗 chuāng　撞 zhuàng　慌 huāng

逛 guàng

多音节词语

光顾 guānggù　矿床 kuàngchuáng　广漠 guǎngmò

荒原 huāngyuán　　河床 héchuáng

◎ ueng

韵母 ueng 发音视频

发音时，由圆唇的后高元音 u[u] 开始，舌位滑降到元音 e[ə] 的位置，然后舌位升高。从央元音 e[ə] 开始，舌面后部贴向软腭。唇形从圆唇在向中间折点元音滑动过程中渐变为展唇。

单音节字词

翁 wēng　　瓮 wèng

多音节词语

富翁 fùwēng　　瓮中捉鳖 wèngzhōng-zhuōbiē

◎ iong

韵母 iong 发音视频

发音时，起点元音是舌面前高圆唇元音 ü[y]，发 ü[y] 后，软腭下降，打开鼻腔通路，紧接着舌面后部抵住软腭，封闭口腔通路，气流从鼻腔透出。

为避免字母相混，《汉语拼音方案》规定，用字母 io 表示起点元音 ü[y]，写作 iong。

单音节字词

雄 xióng　　雍 yōng　　胸 xiōng　　穷 qióng　　窘 jiǒng

多音节词语

雇佣 gùyōng　　胸骨 xiōnggǔ　　专用 zhuānyòng

穷困 qióngkùn　　胸膛 xiōngtáng

四、普通话韵母综合训练

（一）难点韵母辨正训练

1. 前、后鼻韵母辨正

部分方言区的考生容易混淆普通话中的前、后鼻韵母。以下是一些有效的辨正训练方法。

正音训练：利用对镜训练法找准前、后鼻韵尾不同的成阻部位。如发前鼻韵尾“-n”时，舌尖上抵成阻；发后鼻韵尾“-ng”时，舌根上抵成阻。

后字引衬正音法：在前鼻韵母字的后面加 d、t、n、l 作声母的音节，在后鼻韵母字的后面加 g、k、h 作声母的音节，通过连读来引衬前字归音准确。

词的对比练习即通过对比练习来加强记忆，如“反问—访问”“开饭—开放”等。

2. 齐齿呼 i 和撮口呼韵母辨正

基本发音练习：注意 i 是不圆唇音，而撮口呼韵母是圆唇元音，发音时注意口形的圆展。

对比辨音即通过对比来区分，如“名义—名誉”“结集—结局”等。

3. 韵母 ai 和 ei 发音辨正

开口度练习：注意 ai 和 ei 开始发音时开口度的大小，避免方言中的混淆现象。

对比练习即通过对比来加强记忆，如“分配—分派”“耐心—内心”等。

4. 分辨 e 和 o、u 与 ou

e 和 o 的分辨：注意 e 和 o 在发音时舌位和口型的差异。

u 与 ou 的分辨：避免受方言影响，将 u 韵母的字念成 ou 韵母，如“独奏—杜绝”等。

（二）综合训练技巧

1. 单韵母、复韵母、鼻韵母分类练习

单韵母：注意口腔、舌位及唇形的配合，保持发音状态不变。

复韵母：有明显的动程，发音时由一个元音到另一个元音的舌位滑动自然、连贯。

鼻韵母：结合前、后鼻韵母的辨正训练，加强练习。

2. 绕口令训练

绕口令是改善普通话发音的有效手段之一。绕口令能帮助人们更好地掌握普通话的发音，反复练习绕口令可以提高发音的准确性和流畅性。

3. 录音对比与自我评估

录音对比：将自己的朗读录音与标准发音进行对比。

自我评估：利用录音设备进行自我评估，及时调整发音。

4. 口语交流与实战练习

口语交流：适时参加口语交流活动，与他人进行对话，锻炼发音能力。

实战练习：在日常生活和工作中多使用普通话进行交流，提升语言表达能力。

通过以上韵母辨正训练和综合练习方法，我们可以有效地提升普通话发音水平。在练

习过程中，要注重细节和技巧的运用，如口型的准确、发音的连贯以及声调的把握等。同时，要保持耐心和恒心，不断练习和巩固所学内容。

（三）难点韵母对比训练

1. ü 和 i 的分辨

i 滴 踢 粒 离 已 旗 嬉 洗 移 亦

ü 铝 滤 菊 句 趋 去 许 于 愚 雨

i–ü 梨—驴 里—旅 你—女 计—句 妻—屈 启—娶 息—虚 细—绪
姨—鱼 亦—玉

i–ü 碧绿 礼遇 利率 急剧 给予 唏嘘

ü–i 履历 律己 氯气 具体 聚集 屈膝

i–ü 理性—旅行 利己—律己 呼吸—胡须 积极—局级 起来—取来
气味—趣味 西药—需要 习习—徐徐 薏米—玉米

2. o 和 uo 的分辨

o 波 脖 跛 泊 婆 叵 迫 摸 末 佛

uo 多 妥 挪 裸 阔 火 捉 左 蹉 锁

o–uo 菠萝 剥夺 薄弱 笸箩 摩托 莫若

uo–o 唾沫 萝卜 落魄 活佛 活泼 着墨

3. u 和 ou 的分辨

u 亩 毒 凸 努 录 逐 楚 族 粗 宿

ou 谋 兜 搂 露 粥 守 丑 奏 凑 馊

u–ou 母—某 赌—陡 兔—透 炉—楼 路—露

u–ou 木偶 土豆 怒吼 助手 梳头 足够

ou–u 呕吐 偷渡 投诉 构图 厚土 受阻

u–ou 独唱—都唱 毒气—斗气 杜甫—豆腐 赌注—赌咒 突袭—偷袭
卤子—篓子 竹子—肘子 出租—出走 属性—油性 促进—凑近

4. an 和 ang 的分辨

an 岸 般 叹 难 砍 含 占 缠 山 残

ang 棒 旁 当 唐 钢 抗 张 长 赏 仓

an–ang 扳—帮 凡—房 胆—党 南—囊 蓝—郎 看—炕 寒—航
掺—昌 单—当 暂—藏

an–ang 班长 反抗 坦荡 南方 战场 山岗

ang–an 帮办 防寒 茫然 昂然 抗旱 长叹

an–ang 安然—盎然 板子—膀子 盘剥—磅礴 鳗鱼—忙于 饭店—放电
担心—当心 难过—囊括 感人—港人 含情—行情 产地—场地

5. en 和 eng 的分辨

en 本 喷 门 分 肯 狠 镇 根 肾 忍

eng 崩 孟 丰 等 棱 更 横 正 赠 僧

en–eng 笨—迸 盆—彭 闷—梦 焚—逢 扽—邓 肯—坑 痕—衡
辰—丞 仁—仍 岑—层

en–eng 奔腾 纷争 很疼 喷灯 神圣 仁政

eng–en 烹饪 能人 横亘 整身 诚恳 省份

en–eng 大盆—大鹏 门面—蒙面 分化—风华 根子—庚子 狠心—恒心
阵势—正式 陈年—成年 伸手—生手 审视—省事 参差—层次

6. in 和 ing 的分辨

in 宾 品 珉 淋 仅 浸 侵 秦 芯 饮

ing 冰 评 冥 顶 挺 拧 灵 景 青 应

in–ing 鬓—并 频—坪 闽—酩 您—宁 吝—另 巾—荆 钦—轻
衅—杏 殷—英 印—映

in–ing 品评 民兵 进京 进行 禁令 引擎

ing–in 病因 鸣禽 听信 灵敏 青筋 清新

in–ing 频繁—平凡 贫瘠—平级 临时—零食 林木—陵墓 近况—境况
尽头—镜头 金鱼—鲸鱼 侵蚀—轻视 因而—婴儿 阴影—鹰影

（四）难点韵母绕口令练习

以下是一些针对难点韵母的绕口令：

针对韵母“a”的绕口令，用于锻炼口腔开度：

小华和胖娃，两个种花又种瓜，小华会种花不会种瓜，胖娃会种瓜不会种花。

针对韵母“e”的绕口令：

坡上立着一只鹅，坡下就是一条河。宽宽的河，肥肥的鹅，鹅要过河，河要渡鹅。

针对韵母“i”的绕口令：

一二三,三二一,一二三四五六七。七个阿姨来摘果，七个花篮儿手中提。七棵树上结七样儿，苹果、桃儿、石榴、柿子、李子、栗子、梨。

针对韵母“ao”和“iao”的绕口令，用于锻炼韵母发音动程：

东边庙里有猫，西边树梢有鸟。猫鸟天天闹，不知猫闹树梢鸟，还是鸟闹庙里猫。

针对韵母“ai”和“uai”的绕口令，用于锻炼韵母归音：

槐树底下搭戏台，有个小孩溜出来，骑着驴来打着伞，歪着脑袋上戏台。

针对韵母“an”和“uan”的绕口令，用于锻炼韵母发音动程：

男演员，女演员，同台演戏说方言。男演员说吴方言，女演员说闽南言；男演员演远东旅行飞行员，女演员演鲁迅文学研究员。

针对韵母“er”的绕口令：

要说“尔”专说“尔”。马尔代夫，喀布尔，阿尔巴尼亚，扎伊尔，卡塔尔，尼泊尔，贝尔格莱德，安道尔，萨尔瓦多，伯尔尼，利伯维尔，班珠尔，厄瓜多尔，塞舌尔，汉密尔顿，尼日尔，圣彼埃尔，巴斯特尔，塞内加尔的达喀尔，阿尔及利亚的阿尔及尔。

针对韵母“in”和“ing”的绕口令：

分清巾、金、睛、景，小金到北京看风景，小京到天津买纱巾，看风景，用眼睛，还带一个望远镜。买纱巾，带现金，到了天津把商店进，买纱巾，用现金，看风景，用眼睛，巾、金、睛、景要分清。

针对韵母“ang”“ing”“eng”的综合绕口令：

天上看，满天星；地下看，有个坑；坑里看，有盘冰；坑外长着一老松，松上落着一只鹰，松下坐着一老僧，僧前放着一部经，经前点着一盏灯，墙上钉着一根钉，钉上挂着一张弓。说刮风，就刮风，刮得男女老少难把眼睛睁，刮散了天上的星，刮平了地上的坑，刮化了坑里的冰，刮倒了坑外的松，刮飞了松上的鹰，刮走了松下的僧，刮乱了僧前的经，刮灭了经前的灯，刮掉了墙上的钉，刮翻了钉上的弓。

第四章

普通话声调

一、什么是声调

汉语每一个音节都一定有声调，声调是音节的重要组成部分。声母和韵母相同的音节如果声调不一样，它们所表示的词义就完全不同。如：把“山西”shānxī 说成 shǎnxī，就会误解为另一个省名“陕西”，这就要影响交际了。学好普通话不仅要知道普通话声调，还必须发准每一种声调的实际读音。

声调五度标记法（见图 4–1）是一种用于记录和分析语言声调的音高变化的系统，由语言学家赵元任在 20 世纪提出。

1. 五度划分：将声调的音高分为 5 个相对等级，从最低（1 度）到最高（5 度）。例如，1 表示最低音，5 表示最高音。数字代表的是相对音高，而非绝对频率。不同说话者的“5 度”实际音高可能不同，但同一人发音时的相对关系保持不变。

2. 调值的表示

第一声（阴平）：高平调 55（如“妈”）。

第二声（阳平）：中升调 35（如“麻”）。

第三声（上声）：降升调 214（如“马”）。

第四声（去声）：高降调 51（如“骂”）。

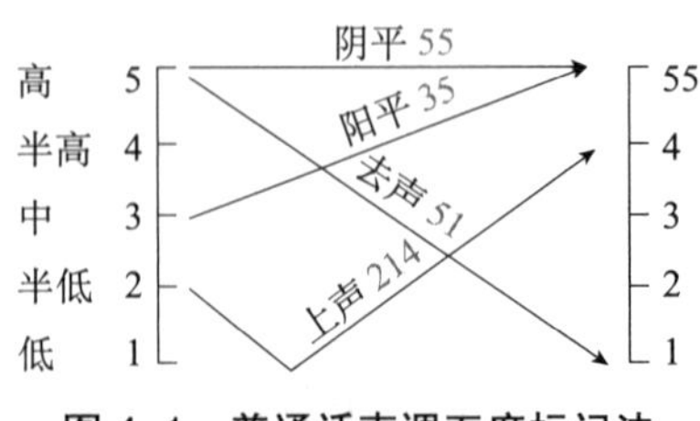

图 4–1 普通话声调五度标记法

二、普通话的四个声调

普通话语音共有四种声调，它们是：

1. 阴平“ˉ”。它的具体读音是高而平，相当于调值 55。如：机 jī；诗歌 shīgē；西方 xīfāng。

2. 阳平“ˊ”。具体读音是由中度升到高度，相当于调值 35。如：及 jí；时常 shícháng；习题 xítí。

3. 上声“ˇ”。具体读音是起音比阳平略低的半低度，先往下降到最低度，再往上升到比阳平的收音略低的半高度，形成一个曲折的调型，相当于调值 214。如：挤 jǐ；使者 shǐzhě；洗礼 xǐlǐ。

4. 去声“ˋ”。具体读音是从最高度一直降到最低度，相当于调值 51。如：寄 jì；事例 shìlì；戏剧 xìjù。

三、声调发音要领

阴平发音视频

◎ **阴平：高平调，调值为 55。**发音时，声带绷到最紧，始终没有明显变化，保持高音（“最紧”是相对的，下同）。

单音节字词

沙 shā　栽 zāi　观 guān　微 wēi　追 zhuī

多音节词语

高低 gāodī　参加 cānjiā　当心 dāngxīn

垃圾 lājī　波涛 bōtāo

◎ **阳平：高升调，调值为 35。**发音时，声带从不松不紧开始，逐渐绷紧，到最紧为止，声音由不低不高升到最高。

单音节字词

连 lián　节 jié　厨 chú　儒 rú　残 cán

多音节词语

强行 qiángxíng　来临 láilín　年轮 niánlún

长城 chángchéng　言谈 yántán

阳平发音视频

◎ **上声：降升调，调值为 214**。发音时，声带从略微有些紧张开始，立刻松弛下来，稍稍延长，然后迅速绷紧，但没有绷到最紧。发音过程中，声调主要在低音段 1 ～ 2 度之间，这是上声的基本特征。上声的音长在普通话 4 个声调中是最长的。

上声发音视频

单音节字词

扫 sǎo　脸 liǎn　闪 shǎn　枣 zǎo　饼 bǐng

多音节词语

领导 lǐngdǎo　长者 zhǎngzhě　恳请 kěnqǐng

子女 zǐnǚ　处理 chǔlǐ

◎ **去声：全降调，调值为 51**。发音时，声带从紧开始，到完全松弛为止。声音由高到低，去声的音长在普通话 4 个声调中是最短的。

去声发音视频

单音节字词

价 jià　瘦 shòu　像 xiàng　苑 yuàn　帝 dì

多音节词语

陷入 xiànrù　错过 cuòguò　破碎 pòsuì

物件 wùjiàn　自信 zìxìn

四、声调综合训练

（一）同声韵音节四声发音训练

这一部分既练习声调，也练习声母、韵母的发音。注意四声调值要准确。

※ **双唇音**

bā	bá	bǎ	bà	pō	pó	pǒ	pò	māo	máo	mǎo	mào
巴	拔	把	罢	坡	婆	叵	破	猫	毛	卯	帽

※ **唇齿音**

fāng	fáng	fǎng	fàng
方	房	仿	放

※ **舌尖音**

dī	dí	dǐ	dì	tōng	tóng	tǒng	tòng	niū	niú	niǔ	niù
低	敌	底	弟	通	同	统	痛	妞	牛	扭	拗

liāo	liáo	liǎo	liào
撩	聊	蓼	料

※ 舌根音

gū	gú	gǔ	gù	kē	ké	kě	kè	hān	hán	hǎn	hàn
姑	Δ①	古	顾	科	咳	可	刻	酣	含	喊	汉

①注：Δ 代表此读音无相应汉字。下文同。

※ 舌面音

jū	jú	jǔ	jù	qīng	qíng	qǐng	qìng	xiāng	xiáng	xiǎng	xiàng
居	局	举	锯	青	情	请	庆	香	详	想	象

※ 翘舌音

zhī	zhí	zhǐ	zhì	chēng	chéng	chěng	chèng	shēn	shén	shěn	shèn
知	职	止	至	称	成	逞	秤	申	神	沈	甚

rū	rú	rǔ	rù
Δ	如	乳	入

※ 平舌音

zuō	zuó	zuǒ	zuò	cāi	cái	cǎi	cài	suī	suí	suǐ	suì
嘬	昨	左	做	猜	才	采	菜	虽	随	髓	岁

※ 开口音

bāi	bái	bǎi	bài	pāo	páo	pǎo	pào	fēi	féi	fěi	fèi
掰	白	摆	败	抛	庖	跑	泡	飞	肥	匪	费

lōu	lóu	lǒu	lòu
瞜	楼	篓	漏

※ 齐齿音

jiā	jiá	jiǎ	jià	qīn	qín	qǐn	qìn	xiē	xié	xiě	xiè
家	夹	甲	架	亲	勤	寝	沁	些	斜	写	榭

xiān	xián	xiǎn	xiàn
先	咸	险	现

※ 合口音

chuāng	chuáng	chuǎng	chuàng	wā	wá	wǎ	wà	huān	huán	huǎn	huàn
窗	床	闯	创	蛙	娃	瓦	袜	欢	环	缓	幻

guāi	guái	guǎi	guài
乖	Δ	拐	怪

※ 撮口音

xuē	xué	xuě	xuè	yūn	yún	yǔn	yùn	quān	quán	quǎn	quàn
薛	学	雪	谑	晕	云	允	运	圈	全	犬	劝

（二）双音节词语发音训练

1. 阴阴

丰收　东升　公安　深山　拥军

2. 阴阳

新闻　编辑　资源　鲜明　坚决

3. 阴上

资产　　争取　　歌曲　　珠海　　发展

4. 阴去

播送　　规范　　通讯　　音乐　　庄重

5. 阳阴

革新　　农村　　国歌　　年轻　　联播

6. 阳阳

人民　　辽宁　　全权　　联营　　石油

7. 阳上

情感　　邻里　　勤俭　　存款　　读者

8. 阳去

防范　　前进　　评论　　悬念　　持续

9. 上阴

采编　　浦东　　减轻　　领班　　美工

10. 上阳

语言　　普及　　补习　　朗读　　解决

11. 上上

北海　　索取　　导演　　广场　　领导

12. 上去

理论　　组建　　舞剧　　想象　　广泛

13. 去阴

信息　　特约　　下乡　　办公　　贵宾

14. 去阳

内容　　措辞　　电台　　调查　　特别

15. 去上

重点　　剧本　　问好　　记者　　撰稿

16. 去去

政策　报告　电视　纪念　庆贺

（三）四音节词语声调发音训练

1. 阴平—阳平—上声—去声

风调雨顺　千锤百炼　身强体壮　精神百倍

2. 去声—上声—阳平—阴平

四海为家　碧草如茵　热火朝天　妙手回春

（四）上声音节发音训练

1. 阴平—上声

出版　积累　欣喜　基本　高涨

2. 阳平—上声

雄伟　调整　言语　提取　神采

3. 上声—上声

了解　小雨　允许　管理　保险

4. 去声—上声

进取　奋勇　皱褶　率领　谅解

5. 上声—阴平

采风　理工　手枪　把关　法官

6. 上声—阳平

演员　鼓楼　济南　隐形　感情

7. 上声—上声

远景　养老　鲁莽　引导　诋毁

8. 上声—去声

损坏　恳切　语调　储备　琐碎

（五）四声混合四音节词语发音训练

◆ b

壁垒森严　百炼成钢　暴风骤雨　波澜壮阔

◆ p

普天同庆　喷薄欲出　鹏程万里　排山倒海

◆ m

目不转睛　满园春色　满腔热情　名不虚传

◆ f

发愤图强　翻江倒海　丰功伟绩　赴汤蹈火

◆ d

当机立断　颠扑不破　斗志昂扬　大快人心

◆ t

推陈出新　谈笑风生　滔滔不绝　天衣无缝

◆ n

宁死不屈　鸟语花香　逆水行舟　能者多劳

◆ l

老当益壮　雷厉风行　力挽狂澜　龙飞凤舞

◆ g

光彩夺目　盖世无双　高瞻远瞩　攻无不克

◆ k

开卷有益　慷慨激昂　克敌制胜　快马加鞭

◆ h

豪言壮语　和风细雨　横扫千军　呼风唤雨

◆ j

艰苦奋斗　锦绣河山　继往开来　举世无双

◆ q

千军万马　气壮山河　晴天霹雳　群魔乱舞

◆ x

喜笑颜开　响彻云霄　心潮澎湃　栩栩如生

◆ zh

辗转反侧　朝气蓬勃　咫尺天涯　专心致志

◆ ch

称心如意　　赤子之心　　出奇制胜　　超群绝伦

◆ sh

舍生忘死　　深情厚谊　　生龙活虎　　山水相连

◆ r

如火如荼　　饶有风趣　　日新月异　　人才辈出

◆ z

责无旁贷　　再接再厉　　赞不绝口　　自知之明

◆ c

从容就义　　沧海一粟　　灿烂光明　　层出不穷

◆ s

肃然起敬　　三思而行　　四海为家　　所向披靡

（六）声调综合训练

海水潮

海水潮，朝朝潮，朝潮朝落。浮云涨，长长涨，长涨长消。

一把把把把住了

今天下雨骑自行车，打滑了，幸好我一把把把把住了。

行行行

今天我们特意请到了“行行出状元”公司的董事长老张，老张表示人要是行，干一行行一行，一行行行行行。行行行干哪行都行。要是不行，干一行不行一行，一行不行行行不行，行行不行，干哪行都不行。要想行行行，首先一行行。成为行业内的内行，行行成内行，行行行。你说我说得行不行？

四声歌

学好声韵辨四声，阴阳上去要分明。
部位方法要找准，开齐合撮属口型。
双唇班报必百波，舌尖当地豆点丁。
舌根高狗坑耕故，舌面积结教尖精。
翘舌主争真知照，平舌资则早在增。
擦音发翻飞分复，送气查柴产彻称。

合口呼午枯胡古，开口河坡歌安争。
撮口虚学寻徐剧，齐齿衣优摇业英。
前鼻恩因烟弯稳，后鼻昂迎中拥生。
咬紧字头归字尾，阴阳上去记变声，
循序渐进坚持练，不难达到纯和清。

第五章

语流音变

一、什么是音变

说话时不可能一个个音节按原有的声音发出来。在语流中，音节相连时相互之间会受到影响，产生一些语音的变化，这就是普通话语音的音变。常见的音变现象有音节的连音变化和声调的变化。

二、音变的种类

（一）上声的变调

上声是曲折的降升调型 214，在实际说话时一般很少发出这样完整的曲折调型，它的变调是由后面相连音节的声调决定的。

（1）上声字在阴平、阳平、去声字前面变为 211，只降不升。如：

阴平前：法规 fǎguī　　美观 měiguān

阳平前：法庭 fǎtíng　　美德 měidé

去声前：法院 fǎyuàn　　美妙 měimiào

（2）上声字在上声字前面（两个上声相连）变为 35，只升不降。如：

上声相连：法典 fǎdiǎn　　美好 měihǎo

上声字只有在单独成句或者处在句尾时才会读出完整的降升调型。

（3）三个上声相连的变调：

当词语的结构是“双单格”时，开头、当中的上声音节调值变为35，跟阳平的调值一样。

例如：选举/法　　洗脸/水　　展览/馆

当词语的结构是“单双格”，开头音节处在被强调的逻辑重音时，读作“半上”，调值为211，当中音节则按两字组变调规律变为35。

例如：撒/火种　　冷/处理　　要/笔杆

（二）“一”“不”的变调

1.“一”的变调

“一”的基本调是阴平（yī），但在实际语言中它和其他声调的音节相连时，会产生变调，一共有三种变调现象。如：

（1）单念、在词句末尾和作序数时，读原调阴平（调值55）。

例如：一、二、三……长短不一　　住在一楼（第一层楼或第一号楼）

（2）后一个连续读音节是去声时，读阳平（调值35）。

例如：一唱一和　　一律　　一件

（3）后一个连读音节是阴平、阳平、上声时，读去声（调值51）。

例如：一生　　一张　　一同　　一层　　一举　　一板

（4）嵌在尝试态（短时态）动词之间时，读轻声。

例如：听一听　　看一看

2.“不”的变调

“不”的基本调是去声（bù），但在实际语言中它和同声调去声音节相连时，会产生变调。

例如：不要　　不去　　不会

（1）单念，在词句末尾，以及后一个连读音节是阴平、阳平、上声时，“不”读原调去声（调值51）。

例如：“不！不！不！”“他一连说了三个不。”“不！决不！”“不依赖”“不同意”“不管”。

（2）后一个连读音节是去声时，读阳平（调值35）。

例如：一成不变　　不上不下　　不去

（3）夹在动词或形容词之间、夹在动词与补语之间，读轻声。

例如：穿不穿　　好不好　　起不来　　拿不动

三、轻声

1. 什么是轻声

轻声是普通话语音的重要特点之一。在说话时有些音节会失去原有的声调，变成一种轻短模糊的调子，这就是轻声。这种变化与音高、音长、音强、音色都有关系。凡是读轻声的音节都有它原有的声调，普通话语音四种声调的音节都可以因轻声而改变它们的调型。如：

活泼 huópo—— 泼水 pōshuǐ　　机灵 jīling—— 灵魂 línghún

桌子 zhuōzi—— 子女 zǐnǚ　　客气 kèqi—— 气管 qìguǎn

《汉语拼音方案》规定轻声音节不标声调。轻声在语言里不只是语音问题，也与词汇、语法有关系。有些词读不读轻声有区别词义和确定词性的作用。如：

东西 dōngxi　　指抽象或具体事物。

东西 dōngxī　　指东方和西方。

地方 dìfang　　指一处所。

地方 dìfāng　　指与中央相对的各级行政区划。

人家 rénjia　　代词，指别人或自己。

人家 rénjiā　　名词，住户。

铺盖 pūgai　　名词，指褥子和被子。

铺盖 pūgài　　动词，平铺。

精神 jīngshen　　指一个人表现出来的活力。

精神 jīngshén　　指人的意识思维活动和一般的心理状态。

2. 轻声音节出现的规律

（1）语气词“吧、吗、啊、呢”等。

（2）助词“着、了、的、地、得、们”等。

（3）名词的后缀“子、儿、头”等。

（4）重叠式名词、动词的后一个音节，双音节形容词重叠，第一音节重叠部分轻读（后一音节及其重叠部分变成阴平，也可不变）。

（5）表示趋向的动词、方位词或词素。

所有的轻声音节发音都变得轻而短，但并非音高都相同，轻声音节在音高上的这种差别往往取决于前一个音节声调的高低。

◎ **阴平 + 轻声**

庄稼　桌子　先生　休息　玻璃

◎ **阳平 + 轻声**

行李　头发　活泼　泥鳅　粮食

◎ **上声 + 轻声**

斧子　姐姐　喇叭　老实　脊梁

◎ **去声 + 轻声**

弟弟　丈夫　意思　困难　骆驼

知识链接 5-1

普通话水平测试用必读轻声词语表

说明：

1. 本表根据《普通话水平测试用普通话词语表》编制。

2. 本表供普通话水平测试第二项——读多音节词语（100 个音节）测试使用。

3. 本表共收词 594 条（其中“子”尾词 217 条），按汉语拼音字母顺序排列。

4. 本表遵照《汉语拼音正词法基本规则》（GB/T 16159—2012）的标调规则，必读轻声音节不标调号。

A

爱人 àiren
案子 ànzi

B

巴结 bājie
巴掌 bāzhang
把子 bǎzi
把子 bàzi
爸爸 bàba
白净 báijing
班子 bānzi
板子 bǎnzi
帮手 bāngshou
梆子 bāngzi
膀子 bǎngzi
棒槌 bàngchui
棒子 bàngzi
包袱 bāofu
包子 bāozi
刨子 bàozi
豹子 bàozi
杯子 bēizi
被子 bèizi
本事 běnshi
本子 běnzi
鼻子 bízi
比方 bǐfang
鞭子 biānzi
扁担 biǎndan
辫子 biànzi
别扭 bièniu
饼子 bǐngzi
脖子 bózi
薄荷 bòhe
簸箕 bòji
补丁 bǔding
不由得 bùyóude
步子 bùzi
部分 bùfen

C

财主 cáizhu
裁缝 cáifeng
苍蝇 cāngying
差事 chāishi
柴火 cháihuo

肠子 chángzi
厂子 chǎngzi
场子 chǎngzi
车子 chēzi
称呼 chēnghu
池子 chízi
尺子 chǐzi
虫子 chóngzi
绸子 chóuzi
出息 chūxi
除了 chúle
锄头 chútou
畜生 chùsheng
窗户 chuānghu
窗子 chuāngzi
锤子 chuízi
伺候 cìhou
刺猬 cìwei
凑合 còuhe
村子 cūnzi

D

耷拉 dāla
答应 dāying
打扮 dǎban
打点 dǎdian
打发 dǎfa
打量 dǎliang
打算 dǎsuan
打听 dǎting
打招呼 dǎzhāohu
大方 dàfang
大爷 dàye
大意 dàyi
大夫 dàifu
带子 dàizi
袋子 dàizi
单子 dānzi
耽搁 dānge
耽误 dānwu
胆子 dǎnzi
担子 dànzi
刀子 dāozi
道士 dàoshi
稻子 dàozi
灯笼 dēnglong
凳子 dèngzi
提防 dīfang
滴水 dīshui
笛子 dízi
嘀咕 dígu
底子 dǐzi
地道 dìdao
地方 dìfang
弟弟 dìdi
弟兄 dìxiong
点心 diǎnxin
点子 diǎnzi
调子 diàozi
碟子 diézi
钉子 dīngzi
东家 dōngjia
东西 dōngxi
动静 dòngjing
动弹 dòngtan
豆腐 dòufu
豆子 dòuzi
嘟囔 dūnang
肚子 dǔzi
肚子 dùzi
端详 duānxiang
缎子 duànzi
队伍 duìwu
对付 duìfu
对头 duìtou
对子 duìzi
多么 duōme
哆嗦 duōsuo

E

蛾子 ézi
儿子 érzi
耳朵 ěrduo

F

贩子 fànzi
房子 fángzi
废物 fèiwu
份子 fènzi
风筝 fēngzheng
疯子 fēngzi
福气 fúqi
斧子 fǔzi
富余 fùyu

G

盖子 gàizi
甘蔗 gānzhe
杆子 gānzi
杆子 gǎnzi
干事 gànshi
杠子 gàngzi
高粱 gāoliang
膏药 gāoyao
稿子 gǎozi
告诉 gàosu
疙瘩 gēda
哥哥 gēge
胳膊 gēbo
鸽子 gēzi
格子 gézi
个子 gèzi
根子 gēnzi
跟头 gēntou
工夫 gōngfu
弓子 gōngzi
公公 gōnggong
功夫 gōngfu
钩子 gōuzi
姑姑 gūgu
姑娘 gūniang
谷子 gǔzi
骨头 gǔtou
故事 gùshi
寡妇 guǎfu
褂子 guàzi
怪不得 guàibude
怪物 guàiwu
关系 guānxi
官司 guānsi
棺材 guāncai
罐头 guàntou
罐子 guànzi
规矩 guīju
闺女 guīnü

鬼子 guǐzi
柜子 guìzi
棍子 gùnzi
果子 guǒzi

H

哈欠 hāqian
蛤蟆 háma
孩子 háizi
含糊 hánhu
汉子 hànzi
行当 hángdang
合同 hétong
和尚 héshang
核桃 hétao
盒子 hézi
恨不得 hènbude
红火 hónghuo
猴子 hóuzi
后头 hòutou
厚道 hòudao
狐狸 húli
胡萝卜 húluóbo
胡琴 húqin
胡子 húzi
葫芦 húlu
糊涂 hútu
护士 hùshi
皇上 huángshang
幌子 huǎngzi
活泼 huópo
火候 huǒhou
伙计 huǒji

J

机灵 jīling
记号 jìhao
记性 jìxing
夹子 jiāzi
家伙 jiāhuo
架势 jiàshi
架子 jiàzi
嫁妆 jiàzhuang
尖子 jiānzi
茧子 jiǎnzi
剪子 jiǎnzi
见识 jiànshi
毽子 jiànzi
将就 jiāngjiu
交情 jiāoqing
饺子 jiǎozi
叫唤 jiàohuan
轿子 jiàozi
结实 jiēshi
街坊 jiēfang
姐夫 jiěfu
姐姐 jiějie
戒指 jièzhi
芥末 jièmo
金子 jīnzi
精神 jīngshen
镜子 jìngzi
舅舅 jiùjiu
橘子 júzi
句子 jùzi
卷子 juànzi

K

开通 kāitong
靠得住 kàodezhù
咳嗽 késou
客气 kèqi
空子 kòngzi
口袋 kǒudai
口子 kǒuzi
扣子 kòuzi
窟窿 kūlong
裤子 kùzi
快活 kuàihuo
筷子 kuàizi
框子 kuàngzi
阔气 kuòqi

L

拉扯 lāche
喇叭 lǎba
喇嘛 lǎma
来得及 láideji
篮子 lánzi
懒得 lǎnde
榔头 lángtou
浪头 làngtou
唠叨 láodao
老婆 lǎopo
老实 lǎoshi
老太太 lǎotàitai
老头子 lǎotóuzi
老爷 lǎoye
老爷子 lǎoyézi
老子 lǎozi
姥姥 lǎolao
累赘 léizhui
篱笆 líba
里头 lǐtou
力气 lìqi
厉害 lìhai
利落 lìluo
利索 lìsuo
例子 lìzi
栗子 lìzi
痢疾 lìji
连累 liánlei
帘子 liánzi
凉快 liángkuai
粮食 liángshi
两口子 liǎngkǒuzi
料子 liàozi
林子 línzi
铃铛 língdang
翎子 língzi
领子 lǐngzi
溜达 liūda
聋子 lóngzi
笼子 lóngzi
炉子 lúzi
路子 lùzi
轮子 lúnzi
啰唆 luōsuo
萝卜 luóbo
骡子 luózi
骆驼 luòtuo

M

妈妈 māma
麻烦 máfan
麻利 máli
麻子 mázi
马虎 mǎhu
码头 mǎtou
买卖 mǎimai
麦子 màizi
馒头 mántou
忙活 mánghuo
冒失 màoshi
帽子 màozi
眉毛 méimao
媒人 méiren
妹妹 mèimei
门道 méndao
眯缝 mīfeng
迷糊 míhu
面子 miànzi
苗条 miáotiao
苗头 miáotou
苗子 miáozi
名堂 míngtang
名字 míngzi
明白 míngbai
模糊 móhu
蘑菇 mógu
木匠 mùjiang
木头 mùtou

N

那么 nàme
奶奶 nǎinai
难为 nánwei
脑袋 nǎodai
脑子 nǎozi
能耐 néngnai
你们 nǐmen
念叨 niàndao
念头 niàntou
娘家 niángjia
镊子 nièzi
奴才 núcai
女婿 nǚxu
暖和 nuǎnhuo
疟疾 nüèji

P

拍子 pāizi
牌楼 páilou
牌子 páizi
盘算 pánsuan
盘子 pánzi
胖子 pàngzi
狍子 páozi
袍子 páozi
盆子 pénzi
朋友 péngyou
棚子 péngzi
皮子 pízi
脾气 píqi
痞子 pǐzi
屁股 pìgu
片子 piānzi
便宜 piányi
骗子 piànzi
票子 piàozi
漂亮 piàoliang
瓶子 píngzi
婆家 pójia
婆婆 pópo
铺盖 pūgai

Q

欺负 qīfu
旗子 qízi
前头 qiántou
钳子 qiánzi
茄子 qiézi
亲戚 qīnqi
勤快 qínkuai
清楚 qīngchu
亲家 qìngjia
曲子 qǔzi
圈子 quānzi
拳头 quántou
裙子 qúnzi

R

热闹 rènao
人家 rénjia
人们 rénmen
认识 rènshi
日子 rìzi
褥子 rùzi

S

塞子 sāizi
嗓子 sǎngzi
嫂子 sǎozi
扫帚 sàozhou
沙子 shāzi
傻子 shǎzi
扇子 shànzi
商量 shāngliang
晌午 shǎngwu
上司 shàngsi
上头 shàngtou
烧饼 shāobing
勺子 sháozi
少爷 shàoye
哨子 shàozi
舌头 shétou
舍不得 shěbude
舍得 shěde
身子 shēnzi
什么 shénme
婶子 shěnzi
生意 shēngyi
牲口 shēngkou
绳子 shéngzi
师父 shīfu
师傅 shīfu
虱子 shīzi
狮子 shīzi
石匠 shíjiang
石榴 shíliu
石头 shítou
时辰 shíchen
时候 shíhou
实在 shízai
拾掇 shíduo

使唤 shǐhuan
世故 shìgu
似的 shìde
事情 shìqing
试探 shìtan
柿子 shìzi
收成 shōucheng
收拾 shōushi
首饰 shǒushi
叔叔 shūshu
梳子 shūzi
舒服 shūfu
舒坦 shūtan
疏忽 shūhu
爽快 shuǎngkuai
思量 sīliang
俗气 súqi
算计 suànji
岁数 suìshu
孙子 sūnzi

T

他们 tāmen
它们 tāmen
她们 tāmen
踏实 tāshi
台子 táizi
太太 tàitai
摊子 tānzi
坛子 tánzi
毯子 tǎnzi
桃子 táozi
特务 tèwu
梯子 tīzi
蹄子 tízi
甜头 tiántou
挑剔 tiāoti
挑子 tiāozi
条子 tiáozi
跳蚤 tiàozao
铁匠 tiějiang
亭子 tíngzi
头发 tóufa
头子 tóuzi
兔子 tùzi
妥当 tuǒdang
唾沫 tuòmo

W

挖苦 wāku
娃娃 wáwa
袜子 wàzi
外甥 wàisheng
外头 wàitou
晚上 wǎnshang
尾巴 wěiba
委屈 wěiqu
为了 wèile
位置 wèizhi
位子 wèizi
温和 wēnhuo
蚊子 wénzi
稳当 wěndang
窝囊 wōnang
我们 wǒmen
屋子 wūzi

X

稀罕 xīhan
席子 xízi
媳妇 xífu
喜欢 xǐhuan
瞎子 xiāzi
匣子 xiázi
下巴 xiàba
吓唬 xiàhu
先生 xiānsheng
乡下 xiāngxia
箱子 xiāngzi
相声 xiàngsheng
消息 xiāoxi
小伙子 xiǎohuǒzi
小气 xiǎoqi
小子 xiǎozi
笑话 xiàohua
歇息 xiēxi
蝎子 xiēzi
鞋子 xiézi
谢谢 xièxie
心思 xīnsi
星星 xīngxing
猩猩 xīngxing
行李 xíngli
行头 xíngtou
性子 xìngzi
兄弟 xiōngdi
休息 xiūxi
秀才 xiùcai
秀气 xiùqi
袖子 xiùzi
靴子 xuēzi
学生 xuésheng
学问 xuéwen

Y

丫头 yātou
鸭子 yāzi
衙门 yámen
哑巴 yǎba
胭脂 yānzhi
烟筒 yāntong
眼睛 yǎnjing
燕子 yànzi
秧歌 yāngge
养活 yǎnghuo
样子 yàngzi
吆喝 yāohe
妖精 yāojing
钥匙 yàoshi
椰子 yēzi
爷爷 yéye
叶子 yèzi
一辈子 yībèizi
一揽子 yīlǎnzi
衣服 yīfu
衣裳 yīshang
椅子 yǐzi
意思 yìsi
银子 yínzi
影子 yǐngzi
应酬 yìngchou
柚子 yòuzi
芋头 yùtou

冤家 yuānjia
冤枉 yuānwang
圆子 yuánzi
院子 yuànzi
月饼 yuèbing
月亮 yuèliang
云彩 yúncai
运气 yùnqi

Z

在乎 zàihu
咱们 zánmen
早上 zǎoshang
怎么 zěnme
扎实 zhāshi
眨巴 zhǎba
栅栏 zhàlan
宅子 zháizi
寨子 zhàizi
张罗 zhāngluo
丈夫 zhàngfu
丈人 zhàngren
帐篷 zhàngpeng
帐子 zhàngzi
招呼 zhāohu
招牌 zhāopai
折腾 zhēteng
这个 zhège
这么 zhème
枕头 zhěntou
芝麻 zhīma
知识 zhīshi
侄子 zhízi
指甲 zhǐjia（zhījia）
指头 zhǐtou(zhítou）
种子 zhǒngzi
珠子 zhūzi
竹子 zhúzi
主意 zhǔyi（zhúyi)
主子 zhǔzi
柱子 zhùzi
爪子 zhuǎzi
转悠 zhuànyou
庄稼 zhuāngjia
庄子 zhuāngzi
壮实 zhuàngshi
状元 zhuàngyuan
锥子 zhuīzi
桌子 zhuōzi
自在 zìzai
字号 zìhao
粽子 zòngzi
祖宗 zǔzong
嘴巴 zuǐba
作坊 zuōfang
琢磨 zuómo
做作 zuòzuo

四、儿化训练

1. 什么是儿化

儿化又称儿化韵，儿化韵现象是北京语音的特点，它与普通话语音面貌关系密切。儿化韵中的“儿”不是一个独立的音节，它与前一个音节结合在一起成为一个音节，即后缀“儿”字不自成音节，而同前面的音节合在一起，使前一音节的韵母成为卷舌韵母。例如,“点儿”不是发成两个音节 dian er，而是发成一个音节 diar。如果把“花儿”作为两个音节来读，即使连读得再快，也不可能使“花”的韵母儿化。儿化韵与词义、词性以及修辞都有关系，如：画（动词）画儿（名词）；活（形容词）活儿（名词）；头（脑袋）头儿（领头的人，也可以指时间或一件事的开端）；小鸡儿，小猴儿，细丝儿，鲜花儿（有细小可爱的修辞色彩）。

2. 儿化音变的发音规律

儿化音变方式比较复杂，具体有以下几种：

（1）音节末尾是 a、o、e、u 的，儿化时只在原韵母后加卷舌动作，如：

山歌儿　小偷儿　加油儿　腊八儿　山坡儿

（2）韵母为 ai、ei、an、en（包括 uei、uen、ian、uai、uan 和 üan）的，儿化时失落韵尾，在主要元音上加卷舌动作，如：

冒牌儿　宝贝儿　心肝儿　赔本儿　冒烟儿　跑腿儿　冰棍儿

打转儿　　手绢儿

（3）韵尾为 ng 的，儿化时失落 ng，并将前面的元音鼻化，加卷舌动作，如：

蛋黄儿　　门缝儿　　电影儿　　胡同儿　　小熊儿　　花样儿

（4）韵母为 i、ü 的，儿化时韵母不变，加卷舌动作，如：

玩意儿　　金鱼儿　　毛驴儿

（5）韵母或韵尾为 ê 以及韵母为 -i（前）、-i（后）的，变为央 e 加卷舌动作，如：

树叶儿　　空缺儿　　瓜子儿　　歌词儿　　铁丝儿

（6）韵母为 in、ün 的，儿化时失落 n、i、ü 等主要元音，加卷舌动作，如：

干劲儿　　手心儿　　合群儿　　脚印儿　　树荫儿

3. 儿化发音训练

进了门儿，倒杯水儿，喝了两口儿运运气儿，顺手儿拿起小唱本儿，唱一曲儿，又一曲儿，练完了嗓子我练嘴皮儿，绕口令儿，练字音儿，还有单弦儿牌子曲儿，小快板儿，大鼓词儿，越说越唱我越带劲儿。

知识链接 5–2

普通话水平测试用儿化词语表

说明：

1. 本表参照《普通话水平测试用普通话词语表》及《现代汉语词典》（第 7 版）编制。加*的是以上二者未收，根据测试需要而酌增的条目。

2. 本表仅供普通话水平测试第二项——读多音节词语（100 个音节）测试使用。本表儿化音节，在书面上一律加“儿”，但并不表明所列词语在任何语用场合都必须儿化。

3. 本表共收词 200 条，列出原形韵母和所对应的儿化韵，用符号>表示由哪个原形韵母变为儿化韵。描写儿化韵中的“ ：”表示“ ：”之前的是主要元音（韵腹），不是介音（韵头）。

4. 本表的汉语拼音注音，只在基本形式后面加 r，不标语音上的实际变化。但涉及“一”的变调，标语音上的实际变化，如“一下儿 yíxiàr”“一点儿 yìdiǎnr”“一块儿 yíkuàir”“一阵儿 yízhènr”“一会儿 yíhuìr”。

a > ar

板擦儿 bǎncār
打杂儿 dǎzár
刀把儿 dāobàr
号码儿 hàomǎr
没法儿 méifǎr
戏法儿 xìfǎr
找碴儿 zhǎochár

ai > ar

壶盖儿* húgàir
加塞儿 jiāsāir
名牌儿 míngpáir
小孩儿 xiǎoháir
鞋带儿* xiédàir

an > ar

包干儿 bāogānr
笔杆儿 bǐgǎnr
快板儿 kuàibǎnr
老伴儿 lǎobànr
脸蛋儿 liǎndànr
脸盘儿 liǎnpánr
门槛儿 ménkǎnr
收摊儿 shōutānr
蒜瓣儿 suànbànr
栅栏儿 zhàlanr

ang > ar（鼻化）

赶趟儿 gǎntàngr
瓜瓤儿* guārángr
香肠儿 xiāngchángr
药方儿 yàofāngr

ia > iar

掉价儿 diàojiàr
豆芽儿 dòuyár
一下儿 yīxiàr

ian > iar

半点儿 bàndiǎnr
差点儿 chàdiǎnr
坎肩儿 kǎnjiānr
拉链儿 lāliànr
聊天儿 liáotiānr
露馅儿 lòuxiànr
冒尖儿 màojiānr
扇面儿 shànmiànr
馅儿饼 xiànrbǐng
小辫儿 xiǎobiànr
心眼儿 xīnyǎnr
牙签儿 yáqiānr
一点儿 yìdiǎnr
有点儿 yǒudiǎnr
雨点儿 yǔdiǎnr
照片儿 zhàopiānr

iang > iar（鼻化）

鼻梁儿 bíliángr
花样儿 huāyàngr
透亮儿 tòuliàngr

ua > uar

大褂儿 dàguàr
麻花儿 máhuār
马褂儿 mǎguàr
脑瓜儿 nǎoguār
小褂儿 xiǎoguàr
笑话儿 xiàohuar
牙刷儿 yáshuār

uai > uar

一块儿 yíkuàir

uan > uar

茶馆儿 cháguǎnr
打转儿 dǎzhuànr
大腕儿 dàwànr
饭馆儿 fànguǎnr
拐弯儿 guǎiwānr
好玩儿 hǎowánr
火罐儿 huǒguànr
落款儿 luòkuǎnr

uang > uar（鼻化）

打晃儿 dǎhuàngr
蛋黄儿 dànhuángr
天窗儿 tiānchuāngr

üan > üar

包圆儿 bāoyuánr
出圈儿 chūquānr
绕远儿 ràoyuǎnr
人缘儿 rényuánr
手绢儿 shǒujuànr
烟卷儿 yānjuǎnr
杂院儿 záyuànr

ei > er

刀背儿 dāobèir
摸黑儿 mōhēir

en > er

把门儿 bǎménr
别针儿 biézhēnr
大婶儿 dàshěnr
刀刃儿 dāorènr
高跟儿鞋* gāogēnrxié
哥们儿 gēmenr
后跟儿 hòugēnr
花盆儿* huāpénr
老本儿 lǎoběnr
面人儿 miànrénr
纳闷儿 nàmènr
嗓门儿 sǎngménr
小人儿书 xiǎorénrshū
杏仁儿 xìngrénr
压根儿 yàgēnr
一阵儿 yízhènr
走神儿 zǒushénr

eng > er（鼻化）

脖颈儿 bógěngr
钢镚儿 gāngbèngr
夹缝儿 jiāfèngr
提成儿 tíchéngr

ie > ier

半截儿 bànjiér
小鞋儿 xiǎoxiér

üe > üer

旦角儿 dànjuér
主角儿 zhǔjuér

uei > uer

耳垂儿 ěrchuír
墨水儿 mòshuǐr
跑腿儿 pǎotuǐr
围嘴儿 wéizuǐr
一会儿 yíhuìr
走味儿 zǒuwèir

uen > uer

冰棍儿 bīnggùnr
打盹儿 dǎdǔnr
光棍儿 guānggùnr
开春儿 kāichūnr
没准儿 méizhǔnr
胖墩儿 pàngdūnr
砂轮儿 shālúnr

ueng > uer（鼻化）

小瓮儿* xiǎowèngr

-i（前）> er

瓜子儿 guāzǐr
没词儿 méicír
石子儿 shízǐr
挑刺儿 tiāocìr

-i（后）> er

记事儿 jìshìr
锯齿儿 jùchǐr
墨汁儿 mòzhīr

i > i:er

垫底儿 diàndǐr
肚脐儿 dùqír
玩意儿 wányìr
针鼻儿 zhēnbír

in > i:er

脚印儿 jiǎoyìnr
送信儿 sòngxìnr
有劲儿 yǒujìnr

ing > i:er（鼻化）

打鸣儿 dǎmíngr
蛋清儿 dànqīngr
花瓶儿 huāpíngr
火星儿 huǒxīngr
门铃儿 ménlíngr
人影儿 rényǐngr
图钉儿 túdīngr
眼镜儿 yǎnjìngr

ü >ü:er

毛驴儿 máolǘr
痰盂儿 tányúr
小曲儿 xiǎoqǔr

ün > ü:er

合群儿 héqúnr

e > er

挨个儿 āigèr
唱歌儿* chànggēr
打嗝儿 dǎgér
单个儿 dāngèr
逗乐儿 dòulèr
饭盒儿 fànhér
模特儿 mótèr

u > ur

泪珠儿 lèizhūr
梨核儿* líhúr
没谱儿 méipǔr
碎步儿 suìbùr
媳妇儿 xífur
有数儿 yǒushùr

ong > or（鼻化）

抽空儿 chōukòngr
果冻儿 guǒdòngr
胡同儿 hútòngr
酒盅儿 jiǔzhōngr
门洞儿 méndòngr
小葱儿 xiǎocōngr

iong > ior（鼻化）

小熊儿* xiǎoxióngr

ao > aor

半道儿 bàndàor
灯泡儿 dēngpàor
红包儿 hóngbāor
叫好儿 jiàohǎor
绝着儿 juézhāor
口哨儿 kǒushàor
口罩儿 kǒuzhàor
蜜枣儿 mìzǎor
手套儿 shǒutàor
跳高儿 tiàogāor

iao > iaor

豆角儿 dòujiǎor
火苗儿 huǒmiáor
开窍儿 kāiqiàor
面条儿 miàntiáor
跑调儿 pǎodiàor
鱼漂儿 yúpiāor

ou > our

个头儿 gètóur
老头儿 lǎotóur
门口儿 ménkǒur
年头儿 niántóur
纽扣儿 niǔkòur
线轴儿 xiànzhóur
小丑儿 xiǎochǒur
小偷儿 xiǎotōur
衣兜儿 yīdōur

iou > iour

顶牛儿 dǐngniúr
加油儿 jiāyóur
棉球儿* miánqiúr
抓阄儿 zhuājiūr

uo > uor

被窝儿 bèiwōr
出活儿 chūhuór
大伙儿 dàhuǒr
火锅儿 huǒguōr
绝活儿 juéhuór
小说儿 xiǎoshuōr
邮戳儿 yóuchuōr
做活儿 zuòhuór

(o) > or

耳膜儿* ěrmór
粉末儿 fěnmòr

五、语气词“啊”的音变训练

1. 语气词“啊”的音变规律

“啊”是一个表达语气感情的基本声音，一般单独用或用在句尾。作为叹词用在句前，仍发“a”音。用在句尾时，由于受到前面音节收尾音素的影响而产生几种变化。练习时要注意“啊”的变化的六种情况：

（1）前一音节收尾音素是 a、o（ao、iao 除外）、e、ê、i、ü 时，“啊”读作 ya；

（2）前一音节收尾音素是 u 时（包括 ao、iao），“啊”读成 wa；

（3）前一音节收尾音素是 n 时，“啊”读成 na；

（4）前一音节收尾音素是 ng 时，“啊”读成 nga；

（5）前一音节收尾音是 -i（舌尖后特殊元音）、r 和 er（包括儿化韵）时，“啊”读成 ra；

（6）前一音节收尾音是 -i（舌尖前特殊元音）时，“啊”读成 za。

以上六种变化规律是顺势产生的，发音要自然。

2. 语气词“啊”的发音训练

菜市场的货物真丰富

菜市场的货物真丰富：鸡啊（ya），鸭啊（ya），鱼啊（ya），肉啊（wa），盐啊（na），酱啊（nga），醋啊（wa）……生的、熟的应有尽有。

鸡鸭猫狗

鸡呀，鸭呀，猫哇，狗哇，一块儿水里游哇！牛哇，羊啊（nga），马呀，骡呀，一块儿进鸡窝呀！狼啊（nga），虫啊（nga），虎哇，豹哇，一块儿街上跑哇！兔哇，鹿哇，鼠哇，孩儿啊（ra），一块儿上窗台儿啊（ra）！

可爱的孩子

这些孩子啊（za），真可爱啊（ya），你看啊（na），他们多高兴啊（nga），又是作诗啊（ra），又是吟诵啊（nga），又是画图画啊（ya），又是剪纸啊（ra），又是唱啊（nga），又是跳啊（wa）……啊！他们多幸福啊（wa）！

六、易读错的字词、姓氏、地名

（一）易读错的字词

1. 吞噬 shì（不读 shí）

2. 挑剔 ti（不读 tì）

3. 字帖 tiè（不读 tiē）

4. 徇（xùn）私（不读 xún）

5. 笨拙 zhuō（不读 zhuó）

6. 远见卓（zhuó）识（不读 zhuō）

7. 钥匙 yàoshi（不读 yuèchī）

8. 粗糙 cāo（不读 zào）

9. 氛（fēn）围（不读 fèn）

10. 匀称 chèn；称（chèn）职；称（chèn）心如意；对称 chèn（不读 chèng）

11. 种 Chóng（姓氏；不读 zhòng）

12. 憧（chōng）憬（不读 chóng）

13. 驰骋 chěng（不读 chéng）

14. 处（chǔ）暑；处（chǔ）境；处（chǔ）女；处（chǔ）世为人；处（chǔ）于（不读 chù）

15. 啜 Chuài（姓氏；不读 chuò）

16. 汆（cuān）丸子（不读 cuàn）

17. 档（dàng）案（不读 dǎng）

18. 安步当（dàng）车（不读 dāng）

19. 订（dìng）正（不读 dīng）

20. 胴（dòng）体（不读 tóng）

21. 句读 dòu（古时称文辞停顿的地方；不读 dú）

22. 掇（duō）拾（不读 duò，在“拾掇”里读轻声）

23. 菲（fěi）薄（“芳菲”中读 fēi）

24. 果脯 fǔ（不读 pǔ）

25. 揣（chuāi）着书（不读 chuǎi）

26. 逮（dài）捕（不读 dǎi）

27. 掂（diān）量（不读 diàn）

28. 刽（guì）子手（不读 kuài）

29. 友谊 yì（不读 yí）

30. 哈（hǎ）达（不读 hā）

31. 豁（huō）出去（不读 huò）

32. 混（hún）水摸鱼（不读 hùn）

33. 诲（huì）人不倦（不读 huǐ）

34. 准噶（gá）尔（不读 gě）

35. 枸杞 gǒuqǐ

36. 呱呱（gū）坠地（不读 guā）

37. 力能扛（gāng）鼎（不读 káng）

38. 契诃（hē）夫；唐吉诃（hē）德（不读 kē）

39. 道行 heng（修行的功夫，比喻本领。不读 háng、xíng）

40. 飞来横（hèng）祸；蛮横 hèng；发横（hèng）财（不读 héng）

41. 一哄（hòng）而散；哄（hōng）堂大笑；哄（hǒng）逗；哄（hǒng）骗

42. 骨骸 hái（不读 hài）

43. 薅（hāo）草

44. 白桦（huà）树（不读 huá）

45. 馄饨 húntun（tun 为轻声，不读 dun）

46. 和（huó）泥；和（huó）面；搅和 huo；和（huò）稀泥；和（hú）牌

47. 囫囵（húlún）吞枣（不读 lùn；“囫囵”一词中“囵”读轻声）

48. 溃（huì）脓；溃（kuì）烂

49. 通缉 jī；编辑 jí

50. 窗明几（jī）净（不读 jǐ）

51. 嫉（jí）妒；忌（jì）妒

52. 人才济（jǐ）济（不读 jì）

53. 里脊 ji（此处读轻声，本音读 jǐ）

54. 渐（jiān）染；东渐（jiān）入海（不读 jiàn）

55. 眼睑 jiǎn

56. 绢（juàn）花（不读 juān）

57. 配角（jué）儿；角（jué）色（不读 jiǎo）

58. 发酵 jiào（不读 xiào）

59. 解（jiè）送；押解（jiè）（不读 jiě）

60. 浑身解（xiè）数（不读 jiě）

61. 粳（gēng）米（不读 jīng）；籼（xiān）米（不读 shān）

62. 颈（jǐng）部；颈（jǐng）项（不读 jìng）

63. 靓（jìng）妆（不读 liàng）

64. 循规蹈矩 jǔ；矩（jǔ）形（不读 jù）

65. 龟（jūn）裂（不读 guī）

66. 以儆（jǐng）效尤（不读 jìng）

67. 腈（jīng）纶（不读 qíng）

68. 唠（láo）叨；唠（lào）家常（不读 lāo）

69. 落（lào）不是（意为“被认为有过失而受责难”；不读 luò）

70. 量（liáng）杯；思量（liáng）；量（liàng）体裁衣

71. 连累 lei（不读 lèi）

72. 果实累累 léiléi；伤痕累累 lěilěi（不读 lèi）

73. 浙江丽（lí）水（不读 lì）

74. 淋（lìn）病（不读 lín）

75. 绿（lù）林好汉；棕榈（lǘ）（误读上声）

76. 莽莽（mǎng）群山；草莽 mǎng

77. 扪（mén）心自问（不读 mèn）

78. 腼腆 miǎntiǎn

79. 酩酊 mǐngdǐng（不读 míngdīng）

80. 所向披靡 mǐ（不读 mí）

81. 抹（mò）墙；抹（mā）布；涂抹（mǒ）

82. 模（mú）样；模（mó）型

83. 泥淖 nào（不读 zhào）

84. 喷（pèn）香（不读 pēn）

85. 癖（pǐ）好；洁癖 pǐ（不读 pì）

86. 睥睨 pìnì

87. 剽（piáo）窃；剽（piāo）悍

88. 媲（pì）美（不读 bì）

89. 心广体胖 pán（不读 pàng）

90. 大腹便便 pián（不读 piān）

91. 缥缈 piāomiǎo

92. 娉婷 pīngtíng

93. 砒（pī）霜（不读 pí）

94. 湖泊 pō；漂泊 bó

95. 哨卡 qiǎ（不读 kǎ）

96. 蹊跷 qīqiao（不读 qīqiào）

97. 牵强（qiǎng）附会（不读 qiáng）

98. 襁（qiǎng）褓

99. 生肖 xiào；肖（xiào）像（不读 xiāo）

100. 节（jiē）骨眼（不读 jié）

101. 吱（zī）声（不读 zhī）

102. 燕妮 nī；安妮 nī（不读 ní）

103. 禅（shàn）让（不读 chán）

104. 莫邪 yé（不读 xié）

105. 剔（tī）透；挑剔 tī（不读 tì）

106. 骨髓 suǐ（不读 suí）

107. 浩浩汤汤 shāng（不读 tāng）

108. 结（jié）婚；结（jié）冰（不读 jiē）

109. 牌坊 fāng；磨坊 fáng

110. 荷（hè）锄（不读 hé）

111. 藤蔓 wàn（不读 màn）

112. 玫瑰 guī；瑰丽 guī（不读 guì）

113. 一塌（tā）糊涂（不读 tà）

114. 情不自禁 jīn（不读 jìn）

115. 梵（fàn）语（不读 fán）

116. 下载 zǎi（不读 zài）

117. 渲（xuàn）染（不读 xuān）

118. 投奔 bèn（不读 bēn）

119. 压轴 zhòu（不读 zhóu）

120. 熬（āo）菜（不读 áo）

121. 秘（bì）鲁（不读 mì）

122. 惩（chéng）罚（不读 chěng）

123. 炽（chì）热（不读 zhì）

124. 华（huà）山（不读 huá）

125. 汗流浃（jiā）背（不读 jiá）

126. 倔（jué）强（不读 juè）

127. 揩（kāi）油（不读 kǎi）

128. 框（kuàng）架（不读 kuāng）

129. 埋（mán）怨（不读 mái）

130. 联袂 mèi（不读 jué）

131. 泯（mǐn）灭（不读 mín）

132. 拘泥 nì（不读 ní）

133. 昵（nì）称（不读 ní）

134. 宁（nìng）可（不读 níng）

135. 呕（ǒu）心沥血（不读 ōu）

136. 奇葩 pā（不读 pá）

137. 创（chuāng）伤（不读 chuàng）

138. 亲戚 qi（不读 qì）

139. 纤（qiàn）夫（不读 qiān）

140. 翘（qiáo）首（不读 qiào）

141. 莘莘（shēn）学子（不读 xīng）

（二）易读错的姓氏

1. 容易错认

（1）荀，读 Xún，不读 gǒu。如三国时曹操谋士荀彧（Xúnyù）。

（2）缑，读 Gōu，不读 hóu。如中国历史人物画院院长缑建明。

（3）厍，读 Shè，不读 kù。厍姓名人有厍钧、厍德等。

（4）肜，读 Róng，不读 tóng。

（5）殳，读 Shū，不读 yì。如著名明朝画家殳胤执。

（6）乜，读 Niè，不读 yě。

（7）亓，读 Qí，不读 yuán。如孔子夫人亓官氏。

（8）逄，读 Páng，不读 féng。如东汉时期大司马逄安。

（9）桓，读 Huán。

（10）靳，读 Jìn。

（11）麴，读 Qū。如高昌国国王麴嘉。

（12）妫，读 Guī，不读 wěi。如西晋名臣妫昆。

（13）仉，读 Zhǎng。

（14）卞，读 Biàn。

（15）郏，读 Jiá。如清代著名画家郏伦逵。

（16）隗，读 Kuí 或 Wěi。

（17）阮，读 Ruǎn。

（18）啜，读 Chuài。如宋朝将领啜佶。

（19）佘，读 Shé，不读 yú。

2. 读音相异

（1）员，读 Yùn，不读 yuán，也写成“贠”。如著名唐朝诗人贠半千。

（2）覃，读 Qín，不读 tán，如唐朝太子太傅覃季。

（3）仇，读 Qiú，不读 chóu。如明朝著名画家仇英。

（4）瞿，读 Qú，不读 jù。如中国无产阶级革命家瞿秋白。

（5）繁，读 Pó，不读 fán。如汉末文学家繁钦。

（6）都，读 Dū，不读 dōu。如宋代名臣都光远。

（7）缪，读 Miào，不读 móu。

（8）术，读 Zhú，不读 shù。

（9）卜，读 Bǔ，不读 pǔ。

（10）过，读 Guō，不读 guò。如明代围棋国手过百龄。

（11）阚，读 Kàn，不读 kǎn。如三国名士阚泽。

（12）燕，读 Yān，不读 yàn。如梁山好汉浪子燕青。

（13）省，既读 Shěng，也读 Xǐng。

（14）相，既读 Xiāng，也读 Xiàng。

（15）牟，既读 Móu，也读 Mù。

（16）郇，读 Huán。

（17）翟，读 Zhái。

（18）阿，读 Ē，不读 ā。如清朝将军阿桂。

（19）臧，读 Zāng，不读 cáng。如著名诗人臧克家。

（20）区，读 Ōu，不读 qū。如宋朝文学家区适子。

（21）查，读 Zhā，不读 chá。如作家金庸原名查良镛。

（22）朴，读 Piáo，不读 pǔ。如韩国前总统朴槿惠。

（23）单，读 Shàn，不读 dān。如著名评书表演艺术家单田芳。

（24）解，读 Xiè，不读 jiě。如明代才子解缙。

（25）车，读 Chē，不读 jū。

（26）曾，读 Zēng，不读 céng。如晚清名臣曾国藩。

（27）乐，一般读 Yuè，也读 lè。如战国时燕国大将乐毅。

（28）句，读 Gōu，不读 jù。高句丽（Gāogōulí），古族名，古国名。

3. 声调不同

（1）华，读 Huà，不读 huá。如数学家华罗庚。

（2）应，读 Yīng，不读 yìng。

（3）曲，读 Qū，不读 qǔ。

（4）訾，读 Zī，不读 zǐ。

（5）钻，读 Zuān，不读 zuàn。

（6）谌，读 Shèn。

（7）要，读 Yāo，不读 yào。

（8）哈，读 Hǎ，不读 hā。

（9）撒，读 Sǎ。

（10）任，读 Rén，不读 rèn。如华为创始人任正非。

4. 生僻字

（1）昝，读 Zǎn。如东晋将领昝坚。

（2）虢，读 Guó。如春秋时虢姓先祖虢仲。

（3）宓，读 Fú。如上古时期伏羲的女儿宓妃。

（4）岁，读 Xiē 或 Suǒ。

（5）璩，读 Qú。如三国时期蜀汉太守璩正。

（6）雒，读 Luò。如明朝大臣雒昂、雒守一。

（7）庹，读 Tuǒ。

（8）笪，读 Dá。如清朝画家笪重光。

（9）贲，读 Bēn。如汉朝将军贲赫。

（10）郇，读 Huǎn。

（11）爨，读 Cuàn。

（12）撖，读 Hàn。

（13）禤，读 Xuān。

（14）郤，读 Xì。如三国时蜀汉太守郤正。

（15）酆，读 Fēng。

（16）蹇，读 Jiǎn。如春秋时期秦国大夫蹇叔。

（17）甯，读 Nìng。如南宋初东华派创始人甯全真。

（18）仝，读 Tóng。如明朝初年数术家仝寅。

（19）迮，读 Zé。如乾隆朝内阁中书迮云龙。

（20）苘（蔄），读 Màn。

（21）蒯，读 Kuǎi。

（22）呙，读 Guō。如宋朝官吏呙辅。

（23）芈，读 Mǐ。如热播剧《芈月传》中的芈月。

（24）夔，读 Kuí。如明代著名官吏、学者夔信。

5. 易读错的复姓

（1）长孙，读 Zhǎngsūn，不读 chángsūn。

（2）万俟，读 Mòqí，不读 wànsì。

（3）皇甫，读 Huángfǔ，不读 huángpǔ。

（4）毌丘，读 Guànqiū，不读 wúqiū 或者 mǔqiū。

（5）令狐，读 Línghú，不读 lìnghú。

（6）尉迟，读 Yùchí，不读 wèichí。

（7）单于，读 Chányú，不读 dānyú。

（三）易读错的地名

1. 耒（lěi）阳，地名，在湖南。

2. 郴州（Chēnzhōu），地名，在湖南。

3. 汨罗江（Mìluó Jiāng），水名，发源于江西，流至湖南入洞庭湖。

4. 芷（zhǐ）江，地名，在湖南。

5. 筻口（Gàngkǒu），地名，在湖南。

6. 枨（chéng）冲，地名，在湖南。

7. 黄陂（Huángpí），地名，在湖北。

8. 郧（Yún）县，地名，在湖北。

9. 秭归（Zǐguī），地名，在湖北。

10. 监利（Jiànlì），地名，在湖北。

11. 猇亭（Xiāotíng），地名，在湖北。

12. 蕲（qí）春，地名，在湖北。

13. 东莞（Dōngguǎn），地名，在广东。

14. 番禺（Pānyú），地名，在广东。

15. 浚（xùn）县，地名，在河南。

16. 柘（zhè）城，地名，在河南。

17. 武陟（zhì），地名，在河南。

18. 泌阳（Bìyáng），地名，在河南。

19. 渑池（Miǎnchí），地名，在河南。

20. 荥阳（Xíngyáng），地名，在河南。

21. 长垣（yuán），地名，在河南。

22. 中牟（mù），地名，在河南。

23. 蔚（Yù）县，地名，在河北。

24. 井陉（xíng），地名，在河北。

25. 蠡（Lǐ）县，地名，在河北。

26. 藁城（Gǎochéng），地名，在河北。

27. 涿州（Zhuōzhōu），地名，在河北。

28. 乐（lào）亭，地名，在河北。

29. 南堡（bǔ），地名，在河北。

30. 冉（rǎn）庄，地名，在河北。

31. 邯郸（Hándān），地名，在河北。

32. 莒（Jǔ）县，地名，在山东。

33. 茌平（Chípíng），地名，在山东。

34. 临沂（yí），地名，在山东。

35. 临朐（Línqú），地名，在山东。

36. 郯城（Tánchéng），地名，在山东。

37. 无棣（dì），地名，在山东。

38. 兖州（Yǎnzhōu），地名，在山东。

39. 淄（zī）博，地名，在山东。

40. 东阿（Ē），地名，在山东。

41. 曲阜（fù），地名，在山东。

42. 单（Shàn）县，地名，在山东。

43. 鄄城（Juànchéng），地名，在山东。

44. 芝罘（Zhīfú），山名，又岛名，都在山东。

45. 隰（xí）县，地名，在山西。

46. 洪洞（Hóngtóng），地名，在山西。

47. 汾（fén）阳，地名，在山西。

48. 解（xiè）池，湖名，在山西。

49. 忻（xīn）州，地名，在山西。

50. 丽水（Líshuǐ），地名，在浙江。

51. 台州（Tāizhōu），地名，在浙江。

52. 嵊州（Shèngzhōu），地名，在浙江。

53. 鄞州（Yínzhōu），地名，在浙江。

54. 乐清（Yuèqīng），地名，在浙江。

55. 诸暨（zhūjì），地名，在浙江。

56. 盱眙（Xūyí），地名，在江苏。

57. 邗江（Hánjiāng），地名，在江苏。

58. 邳州（Pīzhōu），地名，在江苏。

59. 甪（lù）直，地名，在江苏。

60. 氾（fán）水，地名，在江苏。

61. 睢（suī）宁，地名，在江苏。

62. 浒（xǔ）墅关，地名，在江苏。

63. 穆棱（Mùlíng），地名，在黑龙江。

64. 巴音郭楞（léng），地名，在新疆。

65. 尉犁（Yùlí），地名，在新疆。

66. 阜（fù）新，地名，在辽宁。

67. 桓（huán）仁，地名，在辽宁。

68. 岫（xiù）岩，地名，在辽宁。

69. 栎阳（Yuèyang），地名，在陕西。

70. 柞水（Zhàshuǐ），地名，在陕西。

71. 吴堡（bǔ），地名，在陕西。

72. 勐（měng）海，地名，在云南。

73. 郫（Pí）县，地名，在四川。

74. 珙（gǒng）县，地名，在四川。

75. 犍为（Qiánwéi），地名，在四川。

76. 荥经（Yíngjīng），地名，在四川。

77. 邛崃（Qiónglái），山名，在四川。

78. 筠连（Jūnlián），地名，在四川。

79. 阆（Làng）中，地名，在四川。

80. 涪（fú）陵，地名，在重庆。

81. 綦（qí）江，地名，在重庆。

82. 北碚（bèi），地名，在重庆。

83. 莘庄（Xīnzhuāng），地名，在上海。

84. 蓟（Jì）县，地名，在天津。

85. 巴彦淖（nào）尔，地名，在内蒙古。

86. 磴（dèng）口，地名，在内蒙古。

87. 儋州（Dānzhōu），地名，在海南。

88. 长汀（tīng），地名，在福建。

89. 珲春（Húnchūn），地名，在吉林。

90. 桦（huà）甸，地名，在吉林。

91. 歙（Shè）县，地名，在安徽。

92. 亳州（Bózhōu），地名，在安徽。

93. 枞阳（Zōngyáng），地名，在安徽。

94. 黟（Yī）县，地名，在安徽。

95. 濉（suī）溪，地名，在安徽。

96. 蚌埠（Bèngbù），地名，在安徽。

97. 砀山（Dàngshān），地名，在安徽。

98. 铅山（Yánshān），地名，在江西。

99. 婺（Wù）源，地名，在江西。

100. 弋（Yì）阳，地名，在江西。

第二部分

普通话水平测试专项训练

第六章　读单音节字词应试策略

第七章　读多音节词语应试策略

第八章　朗读短文应试策略

第九章　命题说话

第十章　命题说话非语音问题应试技巧

第十一章　国家普通话水平测试样卷 30 套

第六章

读单音节字词应试策略

一、读单音节字词常见问题

应试人在读单音节字词时，不能像读双音节词那样，根据另外一个字来猜测不认识或者不知道准确读音的字。这道题虽然分值较低，但往往是应试人最为担心的题目。应试人不仅要有较强的文字功底，还要掌握普通话基本知识。声母方面，应试人常将翘舌音（也称舌尖后音）zh、ch、sh 误念成平舌音（也称舌尖前音）z、c、s。应试人应注意这两种音节的发音部位不同，翘舌音是舌尖接触硬腭最前端构成阻碍而发音，平舌音则是舌尖接触上齿背构成阻碍而发音。应试人可以用记代表字的方法来区分平翘舌音，如“朱”念 zhū，以它为部分构成的字其声母都是翘舌音——“株、珠、茱”等。鼻音 n 与边音 l、鼻音韵尾韵母 in 与 ing 混淆也是易出错的扣分点，亦可使用以上记忆代表字的方法进行区分。除此之外，在读单音节字词时，应试人还容易出现错读问题。

错读分为两种情况。一种是读别字，如把“破绽”的“绽”（zhàn）读作“定”。第二种是并未读成别字，认对了字，但发错了音，如把“泥土”的“泥”（ní）发成 lí。每一种情况又包括若干小类。

1. 读错字

（1）形体相近引起误读

汉字不是表音文字，而是“衍形”的，全靠横竖撇捺等点画配合，组成数万个不同的形体，自然容易出现形似的字，这种形似字，容易被张冠李戴，认甲作乙。例如，“己已巳”相差极小，“戌戍戊”极易混淆，为了辨清字形，读准字音，才有了“己平已半巳封口”“点戍横戌空心戊”之说。

下面再举出在测试中常被误读的一些字说明这个问题。

淙 cóng—棕 zōng—粽 zòng，坠 zhuì—堕 duò，衅 xìn—畔 pàn—绊 bàn，坯 pī—胚 pēi，瞥 piē—撇 piē/piě，腈 jīng—晴 qíng，稗 bài—婢 bì，缉 jī，qī—辑 jí，砒 pī—纰 pī—毗 pí—秕 bì，赡 shàn—瞻 zhān—檐 yán，汾 fén—纷 fēn，端 duān 一瑞 ruì—湍 tuān，喘 chuǎn—揣 chuāi、chuǎi、chuài—惴 zhuì—踹 chuài。

（2）生僻字误读

某字是生僻的还是常见的，因人因地而异。例如“涮（shuàn）”对北京人来讲并不生僻，因为“涮羊肉”是个常用词，“涮”字随处可见。但它对许多南方人来讲却是比较生僻的，因此常被错读为 shuā。又如“膻（shān）”对西北地区的人来讲并不生僻，而西南地区绝大多数人常将其读错。这是因为“膻”所表示的“像羊肉的气味”这个意义在西南地区是说成“臊（sāo）味”的。也有一些字，所表示的意义有较强的专业色彩或文言色彩，许多人也容易误读，如衄（nǜ）、氅（chǎng）、啮（niè）、褫（chǐ）等字。

（3）字义相同、相近或相关而引起误读

有些字，字义相同或相近，或字义有某种关联，也会引起误读。例如，跌（diē）—摔（shuāi），债（zhài）—账（zhàng），褶（zhě）—皱（zhòu），瘸（qué）—跛（bǒ）、踯（zhí）—拐（guǎi），酸（suān）—醋（cù），擦（cā）—刷（shuā）

以上举例错读的原因是“—”后的字的意义与“—”前的字的意义相同或相近，至少有某个义项是相同或相近的。

（4）由于脱离了一定的语言环境而导致误读

有些汉字本身并不生僻，但使用时，常有某种比较固定的环境。离开了这种环境，常被误读。例如“襁（qiǎng）”字，一般出现在“襁褓”一词里，这两个字都是上声调，按普通话变调规律，上上相连时前一个上声变成阳平，该词实际读音为“qiángbǎo”。在现代汉语中，“襁”不单用，也不与别的字组成词语，就是说，它从来就是以“阳平”的面貌出现的。第一题是考单音节字词的读法，出现这个字，当然应该还其本来面目，读作上声才行。但是，应试人常忽略这一点，仍读成阳平。再如“匀”这个字，如果出现在第二题里，无论“匀称、均匀、匀速”都不会读错，可在第一题里单独出现，有时却被错误为 jūn。同类的错误还有：疵 cī—pì，堤 dī—tí，懦 nuò—rú，辍 chuò—zhuì，邸 dǐ—dī，乞 qǐ—qí。

2. 发错音

（1）由于受原有的异读的影响而读错音

异读是指一个字在习惯上具有几个不同的读法。普通话里的异读词经过整理，数量已大大减少，但有人仍沿用旧的异读，造成错误。

（2）受方音影响而发错音

这是由方音系统与普通话语音系统不一致而引起的。这类错误因不同方言的影响而异，不能列举完全。下面以四川话为例来说明这个问题。

1）声母方面常见的错误类型

平翘不分：多数表现为把翘舌音读成平舌音，相反的情况较少。例如（“—”后为错误读音）：铡 zhá—zá，吃 chī—cī，束 shù—sù，寺 sì—shì，所 suǒ—shuǒ，从 cóng—chóng。

边鼻混淆：将边音读成鼻音或者相反。例如，泥 ní—lí，黏 nián—lián，酿 niàng—liàng，泸 lú—nú，乱 luàn—nuàn，拉 lā—nā。

f、h 混淆：例如，黄 huáng—fáng，换 huàn—fàn，昏 hūn—fēn，凡 fán—huán，防 fáng—huáng，氛 fēn—hūn。

零声母错读为辅音声母。例如，宜 yí—lí、ní，咬 yǎo—liǎo、niǎo，欧 ōu—ngōu，硬 yìng—ngen。

送气音与不送气音混淆。例如，券 quàn—juàn，炽 chì—zhì，泼 pō—bō，概 gài—kài，鄙 bǐ—pǐ，抖 dǒu—tǒu。

2）韵母方面常见错误类型

前后不分：多数表现为把后鼻音韵母读成前鼻音韵母，也有少数相反的情况。例如：耕 gēng—gēn，横 héng—hén，精 jīng—jīn，肯 kěn—kěng，岑 cén—céng，秦 qín—qíng。

把韵母 e 读成 ê 或 o：例如，客 kè—kê，革 gé—gê，核 hé—hê，可 kě—kǒ，哥 gē—gō，喝 hē—hō。

复韵母单音化：例如，锅 guō—gō 黑 hēi—hê，给 gěi—gê，姐 jiě—jǐ，谢 xiè—xì，借 jiè—jì。

丢了韵头：例如，蹲 dūn—den，村 cūn—cēn，段 duàn—dàn。

妄加韵头：例如，雷 léi—luí，贼 zéi—zuí，累 lèi—luì。

3）声调方面常见的错误类型

①古入声字：古入声字在普通话里已分别归入阴、阳、上、去四个调类。但在四川，古入声字却全部归入某一个调类或自成一个调类。如在成都话里全部归入阳平，故成都人容易把古入声字读为阳平调，如笔 bǐ—bí，戳 chuō—chuó，促 cù—cú。

②声调对应规律例外字：方音与普通话在调类和调值方面存在一定的对应规律，但也有例外情况。如果将例外字仍按对应规律来类推，就会读错字调。如普通话中非入声字的去声字，绝大多数在成都话里仍是去声，只是调值不同。但“殡、俱、胺”等字例外，成都话念阴平，故成都人容易按对应规律在普通话里也把这些字念成阴平调。又如，桦 huà—huá，渲 xuàn—xuān，汾 fén—fēn，帆 fān—fán，炎 yán—yān，播 bō—bò，微 wei—wéi，纫 rèn—rěn，伪 wěi—wèi，镪 qiāng—qiáng，诊 zhěn—zhēn，岗 gǎng—gāng，吨 dūn—dùn，蹈 dǎo—dào，档 dàng—dǎng。

③受众人或习惯性影响而读错：受到他人尤其是一些播音员、主持人的读音影响或受自己习惯性读音影响而错读字音。例如：室 shì—shǐ，复 fù—fǔ，亚 yà—yǎ，较 jiào—jiǎo。

二、避免错读的方法

如上所述，错读字音的原因是多方面的，针对这些原因，作为应试人，要想提高第一题的测试成绩，应当注意以下几点。

第一，分辨字形、字义，将音、形、义三者结合起来记，不要受形近字、近义字的影响而误读。遇到多音字时，选择最常用的读音。遇到不认识的字可以重复读两遍，以第二遍的发音为准。

第二，找准自己所讲方言的语音系统与普通话语音系统的不同点。按照普通话语音记字音，并通过认读练习发准这些字的普通话读音。如来自边音鼻音不分的地区的应试人，应该在训练中既分别记住哪些字是边音声母，哪些字是鼻音声母，又要练习含有这两个声母的所有音节的发音，把二者结合起来，才可能把字认对、把音念准。

第三，养成良好的阅读习惯，这一点对教师、播音员、主持人尤为重要。平时读书，遇到不认识的字或拿不准字音的字，要勤查字典，弄准字音，而不可马马虎虎，信口开河，随意读音。

第四，读 100 个单音节字词限时 3.5 分钟，语速要保持适中，不要过快或过慢。应试人可通过模拟测试题进行练习，熟悉考试的形式和节奏。另外，可录下自己的朗读，对照标准发音进行检查，找出发音的错误并进行针对性练习。

三、单音节字词综合训练

训练要求：本节所选单音节字均对普通话声母、韵母、声调有较全面的覆盖。训练时，声母、韵母、声调要读准确，音节要清晰、饱满。

（一）

冬 飘 旬 缠 女 观 沉 零 审 真

思 裙 波 撞 掘 盒 总 摸 褪 洒

湿 母 她 画 潦 金 弦 腮 琼 砖

自 篇 流 呐 鹤 闹 聂 坯 新 歇

请 抱 晒 摆 鹊 惨 撤 糠 孙 读

飞 纽 办 踝 棒 哨 夸 翁 事 想

乖 疮 乳 哑 嫁 格 水 叉 淡 偶

涩 抠 财 股 佛 让 憔 脓 吞 剜

分 蜷 冷 矩 弱 诱 儿 圆 蹭 吸

姚 窘 宋 邪 局 座 坏 堆 美 瘟

（二）

成 由 黑 赢 木 名 类 日 乖 格

雌 贱 才 哑 晌 习 腻 涛 蛙 梯

犁 蛩 纫 蹬 君 甲 广 夸 诗 灭

拍 方 鱼 很 从 云 坡 跑 丢 吃

熊 矮 而 壮 孔 罪 页 拔 锁 归

啪 挠 鹤 痣 宋 癌 紫 源 罪 摸

壮 略 向 同 发 春 白 铝 某 弱

付 表 讲 多 穷 亏 乳 屑 捌 苏

苫 秦 蛹 判 裆 翁 蛆 沈 偶 村

淋 冲 抠 瘸 死 飞 巧 变 往 儿

（三）

聘 短 近 给 瘫 鞋 韵 光 拗 集

庸 黄 吝 棵 蛆 肯 俊 略 怨 叫

女 旅 法 自 映 软 屑 色 外 绕

信 吹 加 半 抓 团 生 遇 三 香

绝 奏 拨 氧 志 丑 非 善 娃 谈
他 乳 撑 狠 潮 情 岩 梢 权 优
快 扭 颇 翁 铁 酱 荫 瞟 素 若
贩 搓 旁 翁 秒 助 面 寸 皮 同
抓 多 忙 命 呆 树 堆 骗 鸟 拈
奥 顿 您 闸 乡 奴 卷 嫂 修 铁

（四）

抢 梨 尝 日 邹 鹅 堤 妄 室 用
嫂 迟 裆 寺 御 涮 撞 决 踹 粉
自 浊 疮 锅 捐 碑 润 嘴 说 旬
初 存 吱 收 洼 寞 二 松 巡 土
甩 专 委 虐 仅 兵 府 卵 拱 春
胸 舔 法 鹤 指 砸 偶 餐 让 笙
掐 蟹 流 聘 停 弩 刮 崩 迷 屯
绿 俏 恨 榄 钙 夹 纳 代 肺 胞
梦 潘 膜 客 而 雌 枕 豪 抠 名
线 运 挎 葱 劝 荒 女 宋 灯 催

（五）

陋 女 丢 歪 谬 税 涵 察 穷 而
辩 靠 戳 免 妆 破 灭 韵 材 玩
凤 微 牛 贫 释 俩 规 贼 瓢 滨
房 岛 约 倦 花 却 乖 状 值 雕
俩 冲 流 甲 科 洼 挑 阳 二 颖
快 需 彻 泼 四 沸 若 砸 测 醇
热 艘 踪 郁 坏 窘 感 斥 秽 诫
听 梗 壁 糙 且 标 烁 踢 粱 儒
奋 环 亮 用 铭 甲 摒 枪 垮 嫩
全 星 况 软 肯 虐 楞 驯 段 固

（六）

乒 船 情 略 宝 瓷 心 牛 窘 法
反 错 啡 容 啼 柘 鸥 贼 吮 抓
仰 嘶 绢 囊 苗 灾 腔 兑 尔 饼
拴 齿 玷 送 莲 虐 要 垢 斜 歪
寸 瘸 窗 香 床 奴 松 耳 妙 瓶
裙 氛 蔑 哲 乳 丢 朋 舶 皇 怪
厢 君 尊 披 鬼 搔 欢 奇 琼 篷
祠 女 话 疮 庄 敏 潺 脖 聚 惨
火 梁 源 筷 匀 而 性 选 只 若
猴 别 卖 田 岳 讨 刃 努 追 吻

（七）

囤 标 而 踢 凯 鳞 返 匪 骏 梁
二 迁 雄 奏 材 帝 练 新 平 粘
宦 轩 克 飞 肉 蹂 池 求 维 抓
沸 窘 来 权 瓜 悦 宗 疮 导 捶
坑 乖 水 乒 丢 彤 塘 耕 穷 封
窒 广 苞 目 柱 涯 坏 颊 掉 森
张 吁 蔑 挖 篇 频 锥 姐 魔 夸
释 若 棺 原 别 暂 跛 瘟 烁 月
讯 降 赃 色 珊 女 绕 纯 刺 俩
焕 均 滑 闹 姊 拳 洪 娃 埃 却

（八）

贷 铸 虐 寞 侄 窜 问 体 鸥 架
发 盆 啬 变 俩 列 仔 穷 形 北
酸 奋 州 次 昆 尔 恍 崩 操 用
责 请 司 剃 歪 铁 黑 抓 块 懦

妨 唇 破 尺 仍 洒 彬 童 褥 侄

炼 甜 二 民 宾 嗤 蕊 留 吁 筷

化 捐 唱 逊 颊 足 缺 症 娃 瞄

儿 映 丢 破 扑 办 棉 税 完 换

寻 宋 飘 删 女 床 攘 娘 湿 沫

谍 菇 拐 肖 若 戈 谆 粱 金 元

（九）

花 常 俩 匈 拿 由 冕 税 备 日

窘 子 所 求 凯 悯 咱 租 巡 槽

兑 违 鳖 姐 怪 蒜 测 墙 呆 港

铝 剽 婴 痛 丢 罚 牛 口 卫 磺

费 薯 王 掀 卷 折 杂 给 嫩 掂

犬 谢 汾 冶 迁 捧 撕 瓜 绵 次

潦 嗡 换 抓 俄 戳 型 鼎 我 狂

晾 公 鹊 时 环 累 窗 啼 奏 吮

约 铐 沼 站 翩 佩 菌 驼 顿 麦

饵 猪 坐 餐 森 漩 卷 你 玻 女

（十）

让 江 舜 款 丢 册 池 播 荫 菌

骗 防 箫 怪 否 平 触 杨 光 次

翁 面 笙 窜 撇 寻 近 嘣 建 根

总 卧 妾 揣 秦 话 司 订 来 凶

罪 浊 涩 石 捆 副 鳃 自 海 贰

垮 旺 鲵 叶 黑 涌 润 秋 女 战

掐 宋 少 那 燃 标 劝 鹅 醋 捐

旅 痣 相 得 烘 饶 暗 流 骂 荒

末 砣 约 褪 嘭 绉 听 鬼 避 叨

迷 榻 俩 扎 腊 梳 喊 非 谎 晤

07

第七章

读多音节词语应试策略

一、读多音节词语常见问题

普通话水平测试第二项为“读多音节词语”，分值为20分。多音节词语读音正确与否直接关系到测试成绩。在这一部分，除了考查与第一部分“读单音节字”相同的声母、韵母、声调等语音标准程度外，还考查应试人变调、轻声和儿化读音的标准程度以及朗读词语的能力。在实际测试过程中，我们发现有相当多的人由于不了解多音节词语测试的目的、要求和方法，犯错特别多，失分率也相当高。

1. 平翘舌音与边鼻音

平翘舌音与边鼻音依然是出错率最高的，因为在该项中应试人容易受到前后字音的互相影响而念错，比如，“存储 ”中的“储”可能会受前一平舌音“cún”的影响而误念为“cǔ”。针对这一点，应试人应通过刻苦练习，正确控制发音器官，准确感知易混淆字音的音质，避免词组发音时前后字音互相干扰而出现语音错误。

2. 儿化音

儿化音也容易念错从而被扣分，有应试人把儿化音单独念成单音节“ér”。应试人要清楚那些儿化音的词语，重点掌握儿化音变规律，多看多练多记双音节儿化词表中的儿化词语。

3. 不连贯

读这部分内容时，应按照读词语的语感去读，不可一字一读，还要注意词与词之间的间隔。

4. 读错字

例如，“弄巧成拙”的“拙”读“zhuō”，而不是“zhuó”；“汗流浃背”的“浃”读“jiā”，而不是“jiá”；“因为”的“为”读“wèi”，而不是“wéi”。

“血”读“xuè 或 xiě”。“流血”正确读音是“liúxuè”，不读“liúxuě”。

“缚”读“fù”。“束缚”的正确读音为“shùfù”，不读“shùfú”。

“癣”读“xuǎn”。“足癣”的正确读音为“zúxuǎn”，不读“zúxiǎn”。

“果实累累”的正确读音为“guǒshíléiléi”，不读“guǒshílěilěi”。

“心宽体胖”的正确读音为“xīnkuān-tǐpán”，不读“xīnkuān-tǐpàng”。

建议应试人考试前准备词典，多查阅词语，尤其是认真识记易读错的字。

5. 轻声

读准轻声词语是普通话水平测试的一项重要内容。测试中应试人常出现的问题是必读轻声的词没有读作轻声，如“明白”“女婿”“部分”等词。

6. 儿化

儿化音问题主要分为两类：一是儿化不准确，未能读出儿化音；二是将不是儿化音的词语读成了儿化音。例如，“气球”读成“气球儿”，“前面”读成“前面儿”。测试中，读多音节词语儿化音的规则是，词语后面带“儿”字的，必须读成儿化音，不带“儿”字的则不需要读出。例如，“饭盒”就读“饭盒”；写成“饭盒儿”时就要读出儿化音。

7. 变调

测试中常见的问题是，应试人遇到三音节词、四音节词时变调规律不明确或变调混乱，因此应注意变调规律。

（1）同调相连词语训练

居安思危　　变幻莫测

（2）变调综合训练

一生一世　　一五一十　　不闻不问　　不屈不挠

（3）四声顺序词语训练

花红柳绿　　风调雨顺

（4）词语的轻重格式

普通话的双音节词语中，大部分是中重格式，不能读成重轻格式。例如，“叔叔”为重轻格式，“阿姨”为中重格式。

二、应试策略

读多音节词语时，应注意把握以下原则。

（一）以词为单位进行朗读

这是多音节词语与单音节字词的根本性区别，也是读多音节词语的最基本要求。这里的多音节词语包括双音节词语、三音节词语和四音节词语。在读的时候不能按读单音节字词的方式一字一顿，要注意掌握多音节词语内在的节奏感和构词规律。有的人为了调值到位，一个词念出两个音，这属于“读断”，这种情况会被酌情扣分。多音节词语的朗读要求在 2.5 分钟内完成，时间比较宽裕，切忌读得太快。

（二）读准词的轻重格式

词的轻重格式是一种比较稳定的语音现象，是指多音节词语音节之间的音强比较。受语音规律限制，多数情况下词的轻重格式在语流中是不变的，即相对稳定。下面将对双音节词语、三音节词语和四音节词语的轻重格式进行介绍。

1. 双音节词语

中重格式：这类词占大多数，读时第二个音节比第一个重些、长些。如：人民、大会、广播。

重中格式：这类词不太多，读时第一个音节比第二个重些、长些。如：毛病、药品、责任。

重轻格式：第二个音节又短又弱，即轻声。如：弟弟、石头、萝卜。

2. 三音节词语

中次轻重格式：在读的时候，第三个音节重于第一个音节，而第一个音节又要重于第二个音节。如：共产党、东方红、展览会、西红柿。有人习惯将这种格式读成中轻重，这样轻读容易吃字，语意不够明显。

中重轻：第二个音节比第一个音节重，末音节是轻声。如：打拍子、小姑娘、老头子、硬骨头、儿媳妇。

重轻轻：后两个音节是轻声，如：飞起来、投进去。

3. 四音节词语

四音节词语的轻重格式共分为三种，一般与词语的结构关系有关。

中重中重：此结构大部分为具有联合关系的四字格式成语。如：心猿意马、独断专行。

中轻中重：此结构多为专用名词、叠音形容词、象声词。如：社会主义、大大方方、蹦蹦跳跳、稀里糊涂、慌里慌张。

重中中重：此结构为具有修饰与被修饰、陈述与被陈述、支配与被支配关系的四格式成语及一、三格式组成的成语。如：惨不忍睹、一扫而空。

值得注意的是，受轻重格式的影响，在读多音节词语时，后字字调的调值一定要到位，否则将按评分标准中的“缺陷”进行扣分。

三、看清多音节词语的构成，避免看错或念错语序

考生由于太紧张或大意，在读某些词语的时候可能会看错或念错语序或读成另外一个词语，如“计算”读成“算计”，“一帆风顺”读成“一路顺风”，这种失分实在是太可惜了。考生一定要端正态度，认真对待。

四、念对多音字

现代汉语里，大部分字只有一个读音。但是，有 10% 左右的字具有一个以上的读音，这类字被称为多音字。对这些多音字如果只知其一不知其二，就会读错。多音多义字举例：

量：质量、宽宏大量（liàng）；丈量、量体裁衣（liáng）

便：便饭、说做便做（biàn）；便宜、大腹便便（pián）

乘：乘法、乘虚而入（chéng）；史乘、千乘之国（shèng）

多音同义字举例：

给：给人方便（gěi）；给予、自给自足（jǐ）

嚼：嚼舌、咬文嚼字（jiáo）；咀嚼（jué）

对这类词，应试人一定要掌握其规律，读准每一个词，尽量减少错误。

五、利用辅助工具

应试人考前可以使用普通话学习 APP 或在线现代汉语词典查询多音字的发音和用法。

这些工具通常提供详细的发音示范和用法解释，有助于更好地掌握多音字的发音规律。

六、多音节词语专项训练

训练要求：本节所选多音节词语，均对普通话声母、韵母、声调有较全面的覆盖，并考虑到轻声、儿化以及上声变调等方面。练习时，除要求每个音节准确、清晰、饱满外，还要考虑到以双音节词为单位，注意音节之间的内部联系。

（一）

愿望	学费	胜利	山脉	裙子	人们	皮肤
难怪	安静	家庭	墨水儿	耐用	非分	关节
河口	茴香	锦缎	恐慌	垒球	论说	木耳
捏造	偶尔	色彩	人质	钟点	挨个儿	八卦
草丛	颤音	当票	乐队	专长	一心	胸怀
忘却	退休	损坏	说法	求得	谱曲	日程
快乐	作家	表扬	暖和	沿边儿	准确	再见

（二）

没错	污秽	嫉妒	织女	日夜	非常	老头儿
凤凰	柠檬	同志	挂帅	牢房	恶心	越发
劝说	墨水儿	雄伟	儿孙	上司	咳嗽	眨眼
远虑	恰好	告诫	侍候	肘子	人才	忠臣
棕榈	加工	载荷	差点儿	晕车	滑雪	扩大
排球	三角	采用	冠军	暖气	推广	勉强
而且	品行	吞并	朋友	一块儿	表扬	颠簸

（三）

气象	墨水儿	锐角	夹层	类推	容忍	百货
陨灭	磷酸	玩意儿	采访	产品	儿女	匪徒
凶犯	窗户	留念	狠心	破产	可怜	华夏
刁钻	苏醒	导语	徇私	稿子	永远	老头儿

南方	冰棍儿	麻雀	争论	确实	奖券	几何
制造	衰竭	耳朵	同学	夸张	朋友	翡翠
否定	宣战	快活	了解	脑袋	罢工	阳伞

（四）

莫非	太阳	成效	假使	贫穷	反映	桌子
包袱	个头儿	落魄	宣布	钟点儿	遣散	辅佐
炮击	寒流	琵琶	指挥	福德	缺陷	命运
军用	罪证	其他	阁下	略微	做客	温暖
出圈儿	山沟	同盟	青草	胖墩儿	私人	打败
铲除	爽快	瓜分	赞美	壮年	薄荷	掌管
取消	磋商	对头	巧合	委员	皇族	老汉

（五）

穷苦	夸奖	谅解	恰当	标准	便宜	朋友
谈话	揣摩	词典	操场	算了	所在	干杯
统销	坎坷	韭菜	传播	小孩儿	无为	财产
训谕	喧扰	冤魂	窃听	辩证	播音	合作
声调	时候	主持	心眼儿	瓜分	那样	女儿
群众	广大	委婉	首府	瑞雪	私营	专用
价格	发烧	不料	率领	起名儿	枉费	顶牛儿

（六）

经济	相反	破烂儿	热潮	书籍	整数	议院
蟋蟀	打杂儿	窑洞	表里	愿望	少量	知道
自称	回去	作品	禅宗	否定	相对	手持
汇报	所属	修改	磁头	运输	抗击	分界
城郊	春播	满载	背面	把握	口哨儿	后代
耳目	电视	中断	池塘	宁可	告终	食品
下本儿	畏惧	寿命	疯狂	话剧	祝贺	眼角

（七）

敏感 表层 保管 家族 症候 金鱼儿 享有
仁爱 二月 运气 大修 中选 潜艇 反对
本着 挥手 减产 饭桌儿 圆圈 工夫 采访
早晚 清楚 清汤 狂风 杀害 内乱 护送
沉默 围剿 背包 感动 个体 舌头 考古
商品 幼年 开刃儿 瞄准 弱者 印刷 日子
扇面儿 谅解 尽快 搞好 刀光 权力 利润

（八）

如意 文学 位置 小米 钢材 领土 折磨
通俗 脸蛋儿 手枪 吊桥 裁军 农民 政策
趣味 玩意儿 团长 广州 黑板 百万 法定
忽视 切开 铜钱 效率 残余 刨根儿 疫苗
列国 枪眼儿 宁愿 准则 产量 可否 嫂子
宽大 腹部 老头儿 降临 纯粹 儿戏 阻挡
整修 叫唤 野人 怀孕 拟定 交纳 打鸣儿

（九）

前头 洗澡 胸怀 年岁 取暖 款待 采用
芦苇 应变 贫困 气愤 讲究 枪炮 评判
兄妹 体重 村子 化学 驾驶 出圈儿 变法儿
配偶 感动 赛跑 假使 农家 火警 梅花
半岛 促进 春天 委屈 甚至 黄色 记录
随便 过半 轮换 耐热 土产 相接 解散
文字 介于 全国 着陆 饱和 询问 藏匿

（十）

恳切 村庄 格局 从前 日出 糯米 损失
从容 财产 奔驰 魔鬼 本质 年头儿 弹指

面条儿	超越	成就	颠倒	钟声	涅槃	悟道
瞎抓	免得	滑动	打量	能人	减少	抗击
否则	回溯	贫农	美好	卡片	旅行	背诵
排球	勋爵	和蔼	日晕	首先	流畅	耳朵
玩意儿	庸碌	绳子	宣教	影响	快慰	祖国

第八章

朗读短文应试策略

一、朗读短文的要求

朗读短文项考查应试人连续发音时使用普通话的准确程度和流畅程度。具体而言，这一部分除了考查声母、韵母、声调、轻声、儿化、变调，还要考查“啊”的音变、停连、重音、速度、句调、词语的轻重格式等，可以说涉及普通话语音的各个方面，而且分值较高，有30分。朗读短文的得分高低对普通话水平测试等级影响极大，所以朗读短文非常重要。

应试人在进行该项测试时，除了出现语音错误，还会出现朗读不流畅、停连不当等问题。针对这类典型问题，建议应试人在短时间内通读并熟悉朗读作品，同时可播放本书中50篇朗读作品的标准朗读录音，多听多模仿，提前熟悉文章内容。

二、朗读短文应试策略

朗读是把文字作品转化为有声语言的一种创作活动。

在普通话水平测试中，应试人要用普通话，准确、规范、恰当、流畅地把文章读出来。按照《大纲》规定的评分标准，应试人应做到：语音和表达要准确（不可错漏）、语调要规范（不能存在方言语调），停断位置要恰当（不能造成歧义或句子结构的错误，同时表达要连贯），语速快慢要合适（做到自然流畅），不能超时，否则就要视情况扣分。

1. 语音标准，音节清晰

在朗读短文时，语音标准当然是摆在第一位的。朗读短文的第一个扣分项，就是“音节错误，每个音节扣 0.1 分”，所以发好每一个音节的声母、韵母和声调，发好每句话中的轻声、儿化、变调和“啊”的音变显得很重要。在快速的语流中不能放松对自己的要求，音节错误积少成多，会影响测试的成绩。有人朗读时，声母、韵母和声调不错，但是连起来听，音节不够清晰，朗读的质量就显得不高。要特别指出的是，在朗读中一定要尽力避免漏读、增读和倒读的情况。

2. 理解准确，把握基调

朗读时要用声音把作品的思想内容清楚地表现出来。要做到这一点，就必须对作品有深刻地理解。只有深刻领会了作品的中心思想，掌握了文章脉络，才能更深切地感受它，并获得与作者同样的感情和态度，从而正确表达每一句、每一段以至全篇的思想感情。

3. 语音本色，朴实自然

朗读时的声音应该是我们本色的声音，与话剧表演、朗诵比赛有很大的区别。作品 10 号《繁星》，有人可能是想体现文章优美的意境，所以用气声来表现，其实这完全是不必要的。还有人喜欢改变自己本来的音色去朗读作品，比如作品 28 号《人生如下棋》中有这样一段：

父亲对我说：“你初学下棋，输是正常的。但是你要知道输在什么地方；否则，你就是再下上十年，也还是输。”

“我知道，输在棋艺上。我技术上不如你，没经验。”

“这只是次要因素，不是最重要的。”

“那最重要的是什么？”我奇怪地问。

“最重要的是你的心态不对。你不珍惜你的棋子。”

“怎么不珍惜呀？我每走一步，都想半天。”我不服气地说。

这一段有明显的“父亲”和“我”的角色划分，有的应试人觉得有必要用不同的声音来表现不同人物。其实这也是不必要的。朗读语言是在生活语言基础上进行加工，但是不能脱离生活语言拿腔作调，另学一套“播音腔”“舞台腔”“朗诵腔”。要用接近生活中自然谈话的语言朗读，要真切、自然、朴实。

三、朗读技巧

了解了朗读的一般要求后，我们就应该进一步掌握朗读技巧。一般说来，朗读中应注意重音、停连、速度和句调四个方面。

1. 重音

重音是朗读时用于强调、突出的一种技巧。表现重音的手段很多，千万不要认为只有加大音量才是重音。常用的表达方式还有弱中加强法，一般用于表达明朗的态度、观点和形象鲜明的事物；重音也可以用轻读方式表示，一般用于表达深沉、含蓄的细腻感情。

2. 停连

停连包括停顿和连读。停顿是生理的需要，更是表意的需要，好的停顿可以使语意鲜明。如作品 2 号《春》：

鸟儿∧将巢∧安在繁花绿叶当中，高兴起来了，呼朋引伴地∧卖弄清脆的喉咙，唱出∧宛转的曲子，跟∧轻风流水∧应和着。

又如作品 30 号《世界民居奇葩》：

在∧闽西南和粤东北的∧崇山峻岭中，点缀着∧数以千计的圆形围屋∧或土楼，这就是∧被誉为“世界民居奇葩”的∧客家民居。

3. 速度

紧张、激动、惊惧、兴奋的感情往往使语流加快；沉重、悲伤的感情往往使语流变慢。朗读作品时，必须准确地掌握文章的思想内容和情感的发展变化，恰如其分地运用语速，以使语言鲜明地体现作品的思想感情。

4. 句调

句调指全句语调高低升降的变化。句调的基本类型有 升、降、曲、平。疑问句或语意未完时的停顿常用升调；肯定、感叹等语句常用降调；陈述、说明等语句，或者感情比较悲痛、庄重的语句，常用平直调。朗读不能过于平淡，需要抑扬顿挫，但是依然要以平实的语调为基础，切忌大起大落。

四、朗读时应注意的问题

（一）严格按照语音提示读

本书已经将 50 篇朗读作品中容易出错的词语、多音多义字、儿化词语、轻声词语等注音，学习起来比较方便。避免失分的一个很有效的方法就是严格按照语音提示去读。必须先将语音提示看一遍，一定要按照语音提示读一遍。

1. 难读字注音

难读字是相对的，某些字对有些人来说是难读字，对另一些人来说不是难读字。如蜜饯、苫背、簌簌、肇庆、偃卧、虬枝、铿锵、东麓、黏合剂、箧箩、篾席、踟蹰、一瞥等。

2. 异读词的读音

在朗读作品时，有时会因粗心而错读——不是不认识，而是看到的明明是这个词，脑子里想的却是另一个词；在平时生活中一直以不正确的读音读常用词，在考试中未予注意从而犯错，比如教室、一会儿、因为、究竟。

3. 多音多义字注音

多音多义字不止一个读音，往往意义不同时，读音也不同。比如晕：头晕（yūn），黄晕（yùn）；薄：薄烟、薄雾（bó），薄被、薄片（báo），薄荷（bò）；间：间隔（jiàn）；湖泊（pō），停泊（bó）；称：对称、相称、称职（chèn），称赞、堪称（chēng）。这类词在作品中非常多，在复习时应多加注意。

4. 轻声、儿化

朗读作品中必读轻声、儿化，可根据语音提示，按照轻声、儿化发音规律去读。朗读短文中的儿化有两种情况需要注意。

一是作品中已经有“儿”或者语音提示中已经标注了儿化的词语。这是朗读短文的重点考查项目之一，一定要按照儿化的发音规律去读。

孩子们准备过年，第一件大事就是买杂拌儿。（作品 1 号）

孩子们喜欢吃这些七零八碎儿。（作品 1 号）

风里带来些新翻的泥土的气息，混着青草味儿。（作品 2 号）

我掩着面叹息，但是新来的日子的影儿又开始在叹息里闪过了。（作品 3 号）

风还在一个劲儿地刮。（作品 12 号）

我去爬山那天，正赶上个难得的好天，万里长空，云彩丝儿都不见。（作品32号）

仿佛就受一点儿寒冷，也颇值得去了。（作品48号）

二是虽然有“儿”却不读儿化的词语，如作品22号中的“它用身体掩护着自己的幼儿”。

（二）读好“一”“不”变调

朗读短文时，“一”“不”的发音很容易出错。不仅因为“一”“不”这两个字声调变化比较复杂，还因为这两个字出现得非常频繁。

作品1号中下列内容：

“这是一年里最冷的时候”“第一件大事就是买杂拌儿”“天一擦黑儿”“必须大扫除一次”。

作品10号中下列内容：

三年前在南京我住的地方有一道后门，每晚我打开后门，便看见一个静寂的夜。下面是一片菜园，上面是星群密布的蓝天。星光在我们的肉眼里虽然微小，然而它使我们觉得光明无处不在。那时候我正在读一些天文学的书，也认得一些星星，好像它们就是我的朋友，它们常常在和我谈话一样。

作品9号中下列内容：

那些失去或不能阅读的人是多么的不幸，他们的丧失是不可补偿的。世间有诸多的不平等，财富的不平等，权力的不平等，而阅读能力的拥有或丧失却体现为精神的不平等。

一篇朗读作品甚至一句话中就有这么多与“一”“不”有关的变调问题，可见这个问题的重要性了。应试人在平时的练习中要十分重视“一”“不”的变调，形成正确的语感。测试前10分钟准备阶段要查看一下作品中 的“一”“不”，想想该怎样变调。

（三）在熟练的基础上做到流畅

1. 不要回读。很多人（如播音员、教师）都有职业习惯，那就是读错了一定要纠正。

有这个习惯的人在“朗读短文”部分一定要注意，因为每次纠正都是不熟练的表现，会被看作不流畅而被扣分。这种纠正叫作“回读”。

2. 不要崩读。有的人因为普通话不熟练，朗读时是一个音节一个音节往外蹦，叫崩读。崩读是不流畅的表现，也会被扣分。

3. 发音准确清晰。避免漏字、添字、错字，注意声母、韵母、声调的标准发音，克服地方音影响。

4. 语调自然流畅。用自然、流畅的语调朗读，避免夸张或单调的语调，注意方言语调，特别是轻重音的问题。

5. 听示范朗读并跟读，注意模仿示范朗读的语音、语调和表达技巧。应试人可将自己的朗读录音下来，然后仔细听录音，找出存在的问题并加以改进。

五、普通话水平测试用朗读作品

说明：

1. 朗读作品共 50 篇，供普通话水平测试第四项“朗读短文”测试使用。为适应测试需要，必要时对原作品做了部分改动。

2. 每篇作品在第 400 个音节后用“//”标注。

3. 为适应朗读的需要，作品中的数字一律采用汉字的书写方式书写，如：“2000 年”写作“二 OOO 年”；“50%”写作“百分之五十”。

4. 朗读作品的“读音提示”，注音均标注变调。

5. 作品中的必读轻声音节，拼音不标调号。一般轻读，间或重读的音节，拼音加注调号，并在拼音前加圆点提示，如：“因为”拼音写作“yīn · wèi”。

6. 作品中的儿化音节分两种情况。一是书面上加“儿”，注音时在基本形式后加 r，如：“小孩儿”拼音写作“xiǎoháir”；二是书面上没有加“儿”，但口语里一般儿化的音节，注音时也在基本形式后加 r，如：“辣味”拼音写作“làwèir”。

作品1号

作品1号

照北京的老规矩，春节差不多在腊月的初旬就开始了。“腊七腊八，冻死寒鸦”，这是一年里最冷的时候。在腊八这天，家家都熬腊八粥。粥是用各种米，各种豆，与各种干果熬成的。这不是粥，而是小型的农业展览会。

除此之外，这一天还要泡腊八蒜。把蒜瓣放进醋里，封起来，为过年吃饺子用。到年底，蒜泡得色如翡翠，醋也有了些辣味，色味双美，使人忍不住要多吃几个饺子。在北京，过年时，家家吃饺子。

孩子们准备过年，第一件大事就是买杂拌儿。这是用花生、胶枣、榛子、栗子等干果与蜜饯掺和成的。孩子们喜欢吃这些零七八碎儿。第二件大事是买爆竹，特别是男孩子们。恐怕第三件事才是买各种玩意儿——风筝、空竹、口琴等。

孩子们欢喜，大人们也忙乱。他们必须预备过年吃的、喝的、穿的、用的，好在新年时显出万象更新的气象。

腊月二十三过小年，差不多就是过春节的“彩排”。天一擦黑儿，鞭炮响起来，便有了过年的味道。这一天，是要吃糖的，街上早有好多卖麦芽糖与江米糖的，糖形或为长方块或为瓜形，又甜又黏，小孩子们最喜欢。

过了二十三，大家更忙。必须大扫除一次，还要把肉、鸡、鱼、青菜、年糕什么的都预备充足——店 // 铺多数正月初一到初五关门，到正月初六才开张。

节选自老舍《北京的春节》

读音提示

1. 规矩 guīju
2. 差不多 chàbuduō
3. 蒜瓣 suànbànr
4. 放进 fàngjìn
5. 辣味 làwèir
6. 杂拌儿 zábànr
7. 榛子 zhēnzi
8. 蜜饯 mìjiàn
9. 掺和 chānhuo
10. 零七八碎儿 língqī-bāsuìr
11. 爆竹 bàozhú
12. 玩意儿 wányìr
13. 风筝 fēngzheng
14. 擦黑儿 cāhēir
15. 长方块 chángfāngkuàir
16. 又甜又黏 yòu tián yòu nián

作品 2 号

作品 2 号

盼望着，盼望着，东风来了，春天的脚步近了。

一切都像刚睡醒的样子，欣欣然张开了眼。山朗润起来了，水涨起来了，太阳的脸红起来了。

小草偷偷地从土里钻出来，嫩嫩的，绿绿的。园子里，田野里，瞧去，一大片一大片满是的。坐着，躺着，打两个滚，踢几脚球，赛几趟跑，捉几回迷藏。风轻悄悄的，草软绵绵的。

“吹面不寒杨柳风”，不错的，像母亲的手抚摸着你。风里带来些新翻的泥土的气息，混着青草味儿，还有各种花的香，都在微微湿润的空气里酝酿。鸟儿将巢安在繁花绿叶当中，高兴起来了，呼朋引伴地卖弄清脆的喉咙，唱出宛转的曲子，跟轻风流水应和着。牛背上牧童的短笛，这时候也成天嘹亮地响着。

雨是最寻常的，一下就是三两天。可别恼。看，像牛毛，像花针，像细丝，密密地斜织着，人家屋顶上全笼着一层薄烟。树叶儿却绿得发亮，小草儿也青得逼你的眼。傍晚时候，上灯了，一点点黄晕的光，烘托出一片安静而和平的夜。在乡下，小路上，石桥边，有撑起伞慢慢走着的人，地里还有工作的农民，披着蓑戴着笠。他们的房屋，稀稀疏疏的，在雨里静默着。

天上风筝渐渐多了，地上孩子也多了。城里乡下，家家户户，老老小小，// 也赶趟儿似的，一个个都出来了。舒活舒活筋骨，抖擞抖擞精神，各做各的一份儿事去。“一年之计在于春”，刚起头儿，有的是工夫，有的是希望。

春天像刚落地的娃娃，从头到脚都是新的，它生长着。

春天像小姑娘，花枝招展的，笑着，走着。

春天像健壮的青年，有铁一般的胳膊和腰脚，领着我们上前去。

节选自朱自清《春》

读音提示

1. 打两个滚 dǎ liǎng gè gǔnr
2. 踢几脚球 tī jǐ jiǎo qiúr
3. 青草味儿 qīngcǎo wèir
4. 酝酿 yùnniàng
5. 鸟儿 niǎo’ér
6. 繁花绿叶 fánhuā-lǜyè
7. 宛转 wǎnzhuǎn
8. 薄烟 bóyān
9. 黄晕 huángyùn
10. 乡下 xiāngxia
11. 风筝 fēngzheng
12. 似的 shìde

作品3号

作品3号

燕子去了，有再来的时候；杨柳枯了，有再青的时候；桃花谢了，有再开的时候。但是，聪明的，你告诉我，我们的日子为什么一去不复返呢？——是有人偷了他们罢：那是谁？又藏在何处呢？是他们自己逃走了罢：现在又到了哪里呢？

去的尽管去了，来的尽管来着；去来的中间，又怎样地匆匆呢？早上我起来的时候，小屋里射进两三方斜斜的太阳。太阳他有脚啊，轻轻悄悄地挪移了；我也茫茫然跟着旋转。于是——洗手的时候，日子从水盆里过去；吃饭的时候，日子从饭碗里过去；默默时，便从凝然的双眼前过去。我觉察他去的匆匆了，伸出手遮挽时，他又从遮挽着的手边过去；天黑时，我躺在床上，他便伶伶俐俐地从我身上跨过，从我脚边飞去了。等我睁开眼和太阳再见，这算又溜走了一日。我掩着面叹息，但是新来的日子的影儿又开始在叹息里闪过了。

在逃去如飞的日子里，在千门万户的世界里的我能做些什么呢？只有徘徊罢了，只有匆匆罢了；在八千多日的匆匆里，除徘徊外，又剩些什么呢？过去的日子如轻烟，被微风吹散了，如薄雾，被初阳蒸融了；我留着些什么痕迹呢？我何曾留着像游丝样的痕迹呢？我赤裸裸//来到这世界，转眼间也将赤裸裸的回去罢？但不能平的，为什么偏白白走这一遭啊？

你聪明的，告诉我，我们的日子为什么一去不复返呢？

节选自朱自清《匆匆》

读音提示

1. 时候 shíhou
2. 尽管 jǐnguǎn
3. 轻轻悄悄 qīngqīngqiāoqiāo
4. 挪移 nuóyí
5. 茫茫然 mángmángrán
6. 旋转 xuánzhuǎn
7. 凝然 níngrán
8. 遮挽 zhēwǎn
9. 伶伶俐俐 línglínglìlì
10. 影儿 yǐng'ér
11. 徘徊 páihuái
12. 薄雾 bówù
13. 蒸融 zhēngróng
14. 赤裸裸 chìluǒluǒ

作品 4 号

作品 4 号

有的人在工作、学习中缺乏耐性和韧性，他们一旦碰了钉子，走了弯路，就开始怀疑自己是否有研究才能。其实，我可以告诉大家，许多有名的科学家和作家，都是经过很多次失败，走过很多弯路才成功的。有人看见一个作家写出一本好小说，或者看见一个科学家发表几篇有分量的论文，便仰慕不已，很想自己能够信手拈来，妙手成章，一觉醒来，誉满天下。其实，成功的作品和论文只不过是作家、学者们整个创作和研究中的极小部分，甚至数量上还不及失败作品的十分之一。大家看到的只是他们成功的作品，而失败的作品是不会公开发表出来的。

要知道，一个科学家在攻克科学堡垒的长征中，失败的次数和经验，远比成功的经验要丰富、深刻得多。失败虽然不是什么令人快乐的事情，但也决不应该因此气馁。在进行研究时，研究方向不正确，走了些岔路，白费了许多精力，这也是常有的事。但不要紧，可以再调换方向进行研究。更重要的是要善于吸取失败的教训，总结已有的经验，再继续前进。

根据我自己的体会，所谓天才，就是坚持不断的努力。有些人也许觉得我在数学方面有什么天分，// 其实从我身上是找不到这种天分的。我读小学时，因为成绩不好，没有拿到毕业证书，只拿到一张修业证书。初中一年级时，我的数学也是经过补考才及格的。但是说来奇怪，从初中二年级以后，我就发生了一个根本转变，因为我认识到既然我的资质差些，就应该多用点儿时间来学习。别人学一小时，我就学两小时，这样，我的数学成绩得以不断提高。

一直到现在我也贯彻这个原则：别人看一篇东西要三小时，我就花三个半小时。经过长期积累，就多少可以看出成绩来。并且在基本技巧烂熟之后，往往能够一个钟头就看懂一篇人家看十天半月也解不透的文章。所以，前一段时间的加倍努力，在后一段时间能收到预想不到的效果。

是的，聪明在于学习，天才在于积累。

节选自华罗庚《聪明在于学习，天才在于积累》

读音提示

1. 告诉 gàosu
2. 走过 zǒuguo
3. 分量 fèn · liàng
4. 信手拈来 xìnshǒu-niānlái
5. 妙手成章 miàoshǒu-chéngzhāng
6. 创作 chuàngzuò
7. 堡垒 bǎolěi
8. 长征 chángzhēng
9. 次数 cìshù
10. 气馁 qìněi
11. 进行 jìnxíng
12. 岔路 chàlù
13. 调换 diàohuàn
14. 前进 qiánjìn
15. 努力 nǔlì
16. 天分 tiānfèn

作品5号

作品5号

去过故宫大修现场的人，就会发现这里和外面工地的劳作景象有个明显的区别：这里没有起重机，建筑材料都是以手推车的形式送往工地，遇到人力无法运送的木料时，工人们会使用百年不变的工具——滑轮组。故宫修缮，尊重着“四原”原则，即原材料、原工艺、原结构、原型制。在不影响体现传统工艺技术手法特点的地方，工匠可以用电动工具，比如开荒料、截头。大多数时候工匠都用传统工具：木匠画线用的是墨斗、画签、毛笔、方尺、杖竿、五尺；加工制作木构件使用的工具有锛、凿、斧、锯、刨等等。

最能体现大修难度的便是瓦作中“苫背”的环节。“苫背”是指在房顶做灰背的过程，它相当于为木建筑添上防水层。有句口诀是三浆三压，也就是上三遍石灰浆，然后再压上三遍。但这是个虚数。今天是晴天，干得快，三浆三压硬度就能符合要求，要是赶上阴天，说不定就要六浆六压。任何一个环节的疏漏都可能导致漏雨，而这对建筑的损坏是致命的。

“工”字早在殷墟甲骨卜辞中就已经出现过。《周官》与《春秋左传》记载周王朝与诸侯都设有掌管营造的机构。无数的名工巧匠为我们留下了那么多宏伟的建筑，但却 // 很少被列入史籍，扬名于后世。

匠人之所以称之为“匠”，其实不仅仅是因为他们拥有了某种娴熟的技能，毕竟技能还可以通过时间的累积“熟能生巧”，但蕴藏在“手艺”之上的那种对建筑本身的敬畏和热爱却需要从历史的长河中去寻觅。

将壮丽的紫禁城完好地交给未来，最能仰仗的便是这些默默奉献的匠人。故宫的修护注定是一场没有终点的接力，而他们就是最好的接力者。

节选自单霁翔《大匠无名》

读音提示

1. 去过 qùguo
2. 修缮 xiūshàn
3. 地方 dìfang
4. 截头 jié tóu
5. 木匠 mùjiang
6. 墨斗 mòdǒu
7. 杖竿 zhànggān
8. 锛 bēn
9. 刨 bào
10. 苫背 shànbèi
11. 三浆三压 sānjiāng-sānyā
12. 符合 fúhé
13. 殷墟 Yīnxū
14. 卜辞 bǔcí
15. 左传 Zuǒzhuàn
16. 记载 jìzǎi

作品6号

作品6号

立春过后，大地渐渐从沉睡中苏醒过来。冰雪融化，草木萌发，各种花次第开放。再过两个月，燕子翩然归来。不久，布谷鸟也来了。于是转入炎热的夏季，这是植物孕育果实的时期。到了秋天，果实成熟，植物的叶子渐渐变黄，在秋风中簌簌地落下来。北雁南飞，活跃在田间草际的昆虫也都销声匿迹。到处呈现一片衰草连天的景象，准备迎接风雪载途的寒冬。在地球上温带和亚热带区域里，年年如是，周而复始。

几千年来，劳动人民注意了草木荣枯、候鸟去来等自然现象同气候的关系，据以安排农事。杏花开了，就好像大自然在传语要赶快耕地；桃花开了，又好像在暗示要赶快种谷子。布谷鸟开始唱歌，劳动人民懂得它在唱什么："阿公阿婆，割麦插禾。"这样看来，花香鸟语，草长莺飞，都是大自然的语言。

这些自然现象，我国古代劳动人民称它为物候。物候知识在我国起源很早。古代流传下来的许多农谚就包含了丰富的物候知识。到了近代，利用物候知识来研究农业生产，已经发展为一门科学，就是物候学。物候学记录植物的生长荣枯，动物的养育往来，如桃花开、燕子来等自然现象，从而了解随着时节 // 推移的气候变化和这种变化对动植物的影响。

节选自竺可桢《大自然的语言》

读音提示

1. 萌发 méngfā
2. 翩然 piānrán
3. 转入 zhuǎnrù
4. 炎热 yánrè
5. 孕育 yùnyù
6. 成熟 chéngshú
7. 簌簌 sùsù
8. 销声匿迹 xiāoshēng-nìjì
9. 呈现 chéngxiàn
10. 衰草连天 shuāicǎo-liántiān
11. 风雪载途 fēngxuě-zàitú
12. 亚热带 yàrèdài
13. 周而复始 zhōu'érfùshǐ
14. 传语 chuányǔ
15. 草长莺飞 cǎozhǎng-yīngfēi
16. 物候 wùhòu

作品7号

作品7号

当高速列车从眼前呼啸而过时，那种转瞬即逝的感觉让人们不得不发问：高速列车跑得那么快，司机能看清路吗？

高速列车的速度非常快，最低时速标准是二百公里。且不说能见度低的雾霾天，就是晴空万里的大白天，即使是视力好的司机，也不能保证正确识别地面的信号。当肉眼看到前面有障碍时，已经来不及反应。

专家告诉我，目前，我国时速三百公里以上的高铁线路不设置信号机，高速列车不用看信号行车，而是通过列控系统自动识别前进方向。其工作流程为，由铁路专用的全球数字移动通信系统来实现数据传输，控制中心实时接收无线电波信号，由计算机自动排列出每趟列车的最佳运行速度和最小行车间隔距离，实现实时追踪控制，确保高速列车间隔合理地安全运行。当然，时速二百至二百五十公里的高铁线路，仍然设置信号灯控制装置，由传统的轨道电路进行信号传输。

中国自古就有“千里眼”的传说，今日高铁让古人的传说成为现实。

所谓“千里眼”，即高铁沿线的摄像头，几毫米见方的石子儿也逃不过它的法眼。通过摄像头实时采集沿线高速列车运行的信息，一旦 // 出现故障或者异物侵限，高铁调度指挥中心监控终端的界面上就会出现一个红色的框将目标锁定，同时，监控系统马上报警显示。调度指挥中心会迅速把指令传递给高速列车司机。

节选自王雄《当今“千里眼”》

读音提示

1. 呼啸 hūxiào
2. 转瞬即逝 zhuǎnshùn-jíshì
3. 雾霾 wùmái
4. 设置 shèzhì
5. 数字 shùzì
6. 传输 chuánshū
7. 实时 shíshí
8. 计算机 jìsuànjī
9. 间隔 jiàngé
10. 追踪 zhuīzōng
11. 仍然 réngrán
12. 装置 zhuāngzhì
13. 沿线 yánxiàn
14. 石子儿 shízǐr

作品 8 号

作品 8 号

从肇庆市驱车半小时左右，便到了东郊风景名胜鼎湖山。下了几天的小雨刚停，满山笼罩着轻纱似的薄雾。

过了寒翠桥，就听到淙淙的泉声。进山一看，草丛石缝，到处都涌流着清亮的泉水。草丰林茂，一路上泉水时隐时现，泉声不绝于耳。有时几股泉水交错流泻，遮断路面，我们得寻找着垫脚的石块跳跃着前进。愈往上走树愈密，绿阴愈浓。湿漉漉的绿叶，犹如大海的波浪，一层一层涌向山顶。泉水隐到了浓阴的深处，而泉声却更加清纯悦耳。忽然，云中传来钟声，顿时山鸣谷应，悠悠扬扬。安详厚重的钟声和欢快活泼的泉声，在雨后宁静的暮色中，汇成一片美妙的音响。

我们循着钟声，来到了半山腰的庆云寺。这是一座建于明代、规模宏大的岭南著名古刹。庭院里繁花似锦，古树参天。有一株与古刹同龄的茶花，还有两株从斯里兰卡引种的、有二百多年树龄的菩提树。我们决定就在这座寺院里借宿。

入夜，山中万籁俱寂，只有泉声一直传送到枕边。一路上听到的各种泉声，这时候躺在床上，可以用心细细地聆听、辨识、品味。那像小提琴一样轻柔的，是草丛中流淌的小溪的声音；那像琵琶一样清脆的，// 是在石缝间跌落的涧水的声音；那像大提琴一样厚重回响的，是无数道细流汇聚于空谷的声音；那像铜管齐鸣一样雄浑磅礴的，是飞瀑急流跌入深潭的声音。还有一些泉声忽高忽低，忽急忽缓，忽清忽浊，忽扬忽抑，是泉水正在绕过树根，拍打卵石，穿越草丛，流连花间……

蒙眬中，那滋润着鼎湖山万木，孕育出蓬勃生机的清泉，仿佛汩汩地流进了我的心田。

节选自谢大光《鼎湖山听泉》

读音提示

1. 肇庆 Zhàoqìng
2. 笼罩 lǒngzhào
3. 似的 shìde
4. 薄雾 bówù
5. 淙淙 cóngcóng
6. 交错流泻 jiāocuò liúxiè
7. 石块 shíkuàir
8. 湿漉漉 shīlùlù
9. 活泼 huópo
10. 岭南 Lǐngnán
11. 古刹 gǔchà
12. 斯里兰卡 Sīlǐlánkǎ
13. 引种 yǐnzhòng
14. 菩提树 pútíshù
15. 聆听 língtīng
16. 琵琶 pí · pa

作品 9 号

作品 9 号

我常想读书人是世间幸福人，因为他除了拥有现实的世界之外，还拥有另一个更为浩瀚也更为丰富的世界。现实的世界是人人都有的，而后一个世界却为读书人所独有。由此我想，那些失去或不能阅读的人是多么的不幸，他们的丧失是不可补偿的。世间有诸多的不平等，财富的不平等，权力的不平等，而阅读能力的拥有或丧失却体现为精神的不平等。

一个人的一生，只能经历自己拥有的那一份欣悦，那一份苦难，也许再加上他亲自闻知的那一些关于自身以外的经历和经验。然而，人们通过阅读，却能进入不同时空的诸多他人的世界。这样，具有阅读能力的人，无形间获得了超越有限生命的无限可能性。阅读不仅使他多识了草木虫鱼之名，而且可以上溯远古下及未来，饱览存在的与非存在的奇风异俗。

更为重要的是，读书加惠于人们的不仅是知识的增广，而且还在于精神的感化与陶冶。人们从读书学做人，从那些往哲先贤以及当代才俊的著述中学得他们的人格。人们从《论语》中学得智慧的思考，从《史记》中学得严肃的历史精神，从《正气歌》中学得人格的刚烈，从马克思学得人世 // 的激情，从鲁迅学得批判精神，从托尔斯泰学得道德的执着。歌德的诗句刻写着睿智的人生，拜伦的诗句呼唤着奋斗的热情。一个读书人，一个有机会拥有超乎个人生命体验的幸运人。

节选自谢冕《读书人是幸福人》

读音提示

1. 因为 yīn · wèi
2. 浩瀚 hàohàn
3. 丧失 sàngshī
4. 诸多 zhūduō
5. 能力 nénglì
6. 精神 jīngshén
7. 苦难 kǔnàn
8. 上溯 shàngsù
9. 增广 zēngguǎng
10. 陶冶 táoyě
11. 先贤 xiānxián
12. 才俊 cáijùn
13. 著述 zhùshù
14. 论语 Lúnyǔ

作品 10 号

作品 10 号

我爱月夜，但我也爱星天。从前在家乡七八月的夜晚在庭院里纳凉的时候，我最爱看天上密密麻麻的繁星。望着星天，我就会忘记一切，仿佛回到了母亲的怀里似的。

三年前在南京我住的地方有一道后门，每晚我打开后门，便看见一个静寂的夜。下面是一片菜园，上面是星群密布的蓝天。星光在我们的肉眼里虽然微小，然而它使我们觉得光明无处不在。那时候我正在读一些天文学的书，也认得一些星星，好像它们就是我的朋友，它们常常在和我谈话一样。

如今在海上，每晚和繁星相对，我把它们认得很熟了。我躺在舱面上，仰望天空。深蓝色的天空里悬着无数半明半昧的星。船在动，星也在动，它们是这样低，真是摇摇欲坠呢！渐渐地我的眼睛模糊了，我好像看见无数萤火虫在我的周围飞舞。海上的夜是柔和的，是静寂的，是梦幻的。我望着许多认识的星，我仿佛看见它们在对我眨眼，我仿佛听见它们在小声说话。这时我忘记了一切。在星的怀抱中我微笑着，我沉睡着。我觉得自己是一个小孩子，现在睡在母亲的怀里了。

有一夜，那个在哥伦波上船的英国人指给我看天上的巨人。他用手指着：// 那四颗明亮的星是头，下面的几颗是身子，这几颗是手，那几颗是腿和脚，还有三颗星算是腰带。经他这一番指点，我果然看清楚了那个天上的巨人。看，那个巨人还在跑呢！

节选自巴金《繁星》

读音提示

1. 纳凉 nàliáng
2. 时候 shíhou
3. 仿佛 fǎngfú
4. 似的 shìde
5. 地方 dìfang
6. 静寂 jìngjì
7. 仰望 yǎngwàng
8. 半明半昧 bànmíng-bànmèi
9. 眼睛 yǎnjing
10. 模糊 móhu
11. 萤火虫 yínghuǒchóng
12. 梦幻 mènghuàn
13. 沉睡 chénshuì
14. 哥伦波 Gēlúnbō

作品 11 号

作品 11 号

钱塘江大潮，自古以来被称为天下奇观。

农历八月十八是一年一度的观潮日。这一天早上，我们来到了海宁市的盐官镇，据说这里是观潮最好的地方。我们随着观潮的人群，登上了海塘大堤。宽阔的钱塘江横卧在眼前。江面很平静，越往东越宽，在雨后的阳光下，笼罩着一层蒙蒙的薄雾。镇海古塔、中山亭和观潮台屹立在江边。远处，几座小山在云雾中若隐若现。江潮还没有来，海塘大堤上早已人山人海。大家昂首东望，等着，盼着。

午后一点左右，从远处传来隆隆的响声，好像闷雷滚动。顿时人声鼎沸，有人告诉我们，潮来了！我们踮着脚往东望去，江面还是风平浪静，看不出有什么变化。过了一会儿，响声越来越大，只见东边水天相接的地方出现了一条白线，人群又沸腾起来。

那条白线很快地向我们移来，逐渐拉长，变粗，横贯江面。再近些，只见白浪翻滚，形成一堵两丈多高的水墙。浪潮越来越近，犹如千万匹白色战马齐头并进，浩浩荡荡地飞奔而来；那声音如同山崩地裂，好像大地都被震得颤动起来。

霎时，潮头奔腾西去，可是余波还在漫天卷地般涌来，江面上依旧风号浪吼。过了好久，钱塘江才恢复了 // 平静。看看堤下，江水已经涨了两丈来高了。

节选自赵宗成、朱明元《观潮》

读音提示

1. 农历 nónglì
2. 早上 zǎoshang
3. 地方 dìfang
4. 大堤 dàdī
5. 薄雾 bówù
6. 屹立 yìlì
7. 隆隆 lónglóng
8. 闷雷滚动 mènléi gǔndòng
9. 人声鼎沸 rénshēng-dǐngfèi
10. 踮 diǎn
11. 一会儿 yíhuìr
12. 浩浩荡荡 hàohàodàngdàng
13. 山崩地裂 shānbēng-dìliè
14. 霎时 shàshí
15. 漫天卷地 màntiān-juǎndì
16. 风号浪吼 fēngháo-lànghǒu

作品 12 号

作品 12 号

我和几个孩子站在一片园子里，感受秋天的风。园子里长着几棵高大的梧桐树，我们的脚底下，铺了一层厚厚的梧桐叶。叶枯黄，脚踩在上面，嘎吱嘎吱脆响。风还在一个劲儿地刮，吹打着树上可怜的几片叶子，那上面，就快成光秃秃的了。

我给孩子们上写作课，让孩子们描摹这秋天的风。以为他们一定会说寒冷、残酷和荒凉之类的，结果却出乎我的意料。

一个孩子说，秋天的风，像把大剪刀，它剪呀剪的，就把树上的叶子全剪光了。

我赞许了这个比喻。有二月春风似剪刀之说，秋天的风，何尝不是一把剪刀呢？只不过，它剪出来的不是花红叶绿，而是败柳残荷。

剪完了，它让阳光来住，这个孩子突然接着说一句。他仰向我的小脸，被风吹着，像只通红的小苹果。我怔住，抬头看树，那上面，果真的，爬满阳光啊，每根枝条上都是。失与得，从来都是如此均衡，树在失去叶子的同时，却承接了满树的阳光。

一个孩子说，秋天的风，像个魔术师，它会变出好多好吃的，菱角呀，花生呀，苹果呀，葡萄呀。还有桂花，可以做桂花糕。我昨天吃了桂花糕，妈妈说，是风变出来的。

我笑了。小可爱，经你这么一说，秋天的风，还真是香的。我和孩 // 子们一起嗅，似乎就闻见了风的味道，像块蒸得热气腾腾的桂花糕。

节选自丁立梅《孩子和秋风》

读音提示

1. 嘎吱嘎吱 gāzhī gāzhī
2. 脆响 cuìxiǎng
3. 一个劲儿 yígèjìnr
4. 光秃秃 guāngtūtū
5. 描摹 miáomó
6. 结果 jiéguǒ
7. 花红叶绿 huāhóng-yèlǜ
8. 仰向 yǎng xiàng
9. 小脸 xiǎoliǎnr
10. 怔住 zhèngzhù
11. 均衡 jūnhéng
12. 菱角 língjiao
13. 块 kuàir
14. 热气腾腾 rèqì-téngténg

作品 13 号

作品 13 号

夕阳落山不久，西方的天空，还燃烧着一片橘红色的晚霞。大海，也被这霞光染成了红色，而且比天空的景色更要壮观。因为它是活动的，每当一排排波浪涌起的时候，那映照在浪峰上的霞光，又红又亮，简直就像一片片霍霍燃烧着的火焰，闪烁着，消失了。而后面的一排，又闪烁着，滚动着，涌了过来。

天空的霞光渐渐地淡下去了，深红的颜色变成了绯红，绯红又变为浅红。最后，当这一切红光都消失了的时候，那突然显得高而远了的天空，则呈现出一片肃穆的神色。最早出现的启明星，在这蓝色的天幕上闪烁起来了。它是那么大，那么亮，整个广漠的天幕上只有它在那里放射着令人注目的光辉，活像一盏悬挂在高空的明灯。

夜色加浓，苍空中的“明灯”越来越多了。而城市各处的真的灯火也次第亮了起来，尤其是围绕在海港周围山坡上的那一片灯光，从半空倒映在乌蓝的海面上，随着波浪，晃动着，闪烁着，像一串流动着的珍珠，和那一片片密布在苍穹里的星斗互相辉映，煞是好看。

在这幽美的夜色中，我踏着软绵绵的沙滩，沿着海边，慢慢地向前走去。海水，轻轻地抚摸着细软的沙滩，发出温柔的 // 唰唰声。晚来的海风，清新而又凉爽。我的心里，有着说不出的兴奋和愉快。

夜风轻飘飘地吹拂着，空气中飘荡着一种大海和田禾相混合的香味儿，柔软的沙滩上还残留着白天太阳炙晒的余温。那些在各个工作岗位上劳动了一天的人们，三三两两地来到这软绵绵的沙滩上，他们浴着凉爽的海风，望着那缀满了星星的夜空，尽情地说笑，尽情地休憩。

节选自峻青《海滨仲夏夜》

读音提示

1. 燃烧 ránshāo
2. 一片 yípiàn
3. 橘红色 júhóngsè
4. 而且 érqiě
5. 壮观 zhuàngguān
6. 因为 yīn · wèi
7. 闪烁 shǎnshuò
8. 绯红 fēihóng
9. 肃穆 sùmù
10. 广漠 guǎngmò
11. 围绕 wéirào
12. 倒映 dàoyìng
13. 晃动 huàngdòng
14. 苍穹 cāngqióng
15. 星斗 xīngdǒu
16. 抚摸 fǔmō

作品 14 号

作品 14 号

生命在海洋里诞生绝不是偶然的，海洋的物理和化学性质，使它成为孕育原始生命的摇篮。

我们知道，水是生物的重要组成部分，许多动物组织的含水量在百分之八十以上，而一些海洋生物的含水量高达百分之九十五。水是新陈代谢的重要媒介，没有它，体内的一系列生理和生物化学反应就无法进行，生命也就停止。因此，在短时期内动物缺水要比缺少食物更加危险。水对今天的生命是如此重要，它对脆弱的原始生命，更是举足轻重了。生命在海洋里诞生，就不会有缺水之忧。

水是一种良好的溶剂。海洋中含有许多生命所必需的无机盐，如氯化钠、氯化钾、碳酸盐、磷酸盐，还有溶解氧，原始生命可以毫不费力地从中吸取它所需要的元素。

水具有很高的热容量，加之海洋浩大，任凭夏季烈日曝晒，冬季寒风扫荡，它的温度变化却比较小。因此，巨大的海洋就像是天然的“温箱”，是孕育原始生命的温床。

阳光虽然为生命所必需，但是阳光中的紫外线却有扼杀原始生命的危险。水能有效地吸收紫外线，因而又为原始生命提供了天然的“屏障”。

这一切都是原始生命得以产生和发展的必要条件。//

节选自童裳亮《海洋与生命》

读音提示

1. 诞生 dànshēng
2. 孕育 yùnyù
3. 氯化钠 lǜhuànà
4. 碳酸盐 tànsuānyán
5. 磷酸盐 línsuānyán
6. 溶解氧 róngjiěyǎng
7. 热容量 rè róngliàng
8. 曝晒 pùshài
9. 比较 bǐjiào
10. 扼杀 èshā
11. 提供 tígōng
12. 屏障 píngzhàng

作品 15 号

作品 15 号

在我国历史地理中，有三大都城密集区，它们是：关中盆地、洛阳盆地、北京小平原。其中每一个地区都曾诞生过四个以上大型王朝的都城。而关中盆地、洛阳盆地是前朝历史的两个都城密集区，正是它们构成了早期文明核心地带中最重要的内容。

为什么这个地带会成为华夏文明最先进的地区？这主要是由两个方面的条件促成的，一个是自然环境方面的，一个是人文环境方面的。

在自然环境方面，这里是我国温带季风气候带的南部，降雨、气温、土壤等条件都可以满足旱作农业的需求。中国北方的古代农作物，主要是一年生的粟和黍。黄河中下游的自然环境为粟黍作物的种植和高产提供了得天独厚的条件。农业生产的发达，会促进整个社会经济的发展，从而推动社会的进步。

在人文环境方面，这里是南北方、东西方大交流的轴心地区。在最早的六大新石器文化分布形势图中可以看到，中原处于这些文化分布的中央地带。无论是考古发现还是历史传说，都有南北文化长距离交流、东西文化相互碰撞的证据。中原地区在空间上恰恰位居中心，成为信息最发达、眼界最宽广、活动最 // 繁忙、竞争最激烈的地方。正是这些活动，推动了各项人文事务的发展，文明的方方面面就是在处理各类事务的过程中被开创出来的。

节选自唐晓峰《华夏文明的发展与融合》

读音提示

1. 都城 dūchéng
2. 粟 sù
3. 黍 shǔ
4. 种植 zhòngzhí
5. 提供 tígōng
6. 轴心 zhóuxīn
7. 处于 chǔyú
8. 证据 zhèngjù
9. 恰恰 qiàqià

作品 16 号

作品 16 号

于很多中国人而言，火车就是故乡。在中国人的心中，故乡的地位尤为重要，老家的意义非同寻常，所以，即便是坐过无数次火车，但印象最深刻的，或许还是返乡那一趟车。那一列列返乡的火车所停靠的站台边，熙攘的人流中，匆忙的脚步里，张望的目光下，涌动着的都是思乡的情绪。每一次看见返乡那趟火车，总觉得是那样可爱与亲切，仿佛看见了千里之外的故乡。上火车后，车启动的一刹那，在车轮与铁轨碰撞的“况且”声中，思乡的情绪便陡然在车厢里弥漫开来。你知道，它将驶向的，是你最熟悉也最温暖的故乡。再过几个或者十几个小时，你就会回到故乡的怀抱。这般感受，相信在很多人的身上都曾发生过。尤其在春节、中秋等传统节日到来之际，亲人团聚的时刻，更为强烈。

火车是故乡，火车也是远方。速度的提升，铁路的延伸，让人们通过火车实现了向远方自由流动的梦想。今天的中国老百姓，坐着火车，可以去往九百六十多万平方公里土地上的天南地北，来到祖国东部的平原，到达祖国南方的海边，走进祖国西部的沙漠，踏上祖国北方的草原，去观三山五岳，去看大江大河……

火车与空 // 间有着密切的联系，与时间的关系也让人觉得颇有意思。那长长的车厢，仿佛一头连着中国的过去，一头连着中国的未来。

节选自舒翼《记忆像铁轨一样长》

读音提示

1. 即便 jíbiàn
2. 熙攘 xīrǎng
3. 涌动 yǒngdòng
4. 一刹那 yíchànà
5. 碰撞 pèngzhuàng
6. 陡然 dǒurán
7. 弥漫 mímàn
8. 熟悉 shú · xī
9. 远方 yuǎnfāng
10. 南方 nánfāng
11. 三山五岳 sānshān-wǔyuè
12. 仿佛 fǎngfú

作品17号

作品17号

奶奶给我讲过这样一件事：有一次她去商店，走在她前面的一位阿姨推开沉重的大门，一直等到她跟上来才松开手。当奶奶向她道谢的时候，那位阿姨轻轻地说："我的妈妈和您的年龄差不多，我希望她遇到这种时候，也有人为她开门。"听了这件事，我的心温暖了许久。

一天，我陪患病的母亲去医院输液，年轻的护士为母亲扎了两针也没有扎进血管里，眼见针眼处鼓起青包。我正要抱怨几句，一抬头看见了母亲平静的眼神——她正在注视着护士额头上密密的汗珠，我不禁收住了涌到嘴边的话。只见母亲轻轻地对护士说："不要紧，再来一次！"第三针果然成功了。那位护士终于长出了一口气，她连声说："阿姨，真对不起。我是来实习的，这是我第一次给病人扎针，太紧张了。要不是您的鼓励，我真不敢给您扎了。"母亲用另一只手拉着我，平静地对护士说："这是我的女儿，和你差不多大小，正在医科大学读书，她也将面对自己的第一个患者。我真希望她第一次扎针的时候，也能得到患者的宽容和鼓励。"听了母亲的话，我的心里充满了温暖与幸福。

是啊，如果我们在生活中能将心比心，就会对老人生出一份//尊重，对孩子增加一份关爱，就会使人与人之间多一些宽容和理解。

节选自姜桂华《将心比心》

读音提示

1. 年龄 niánlíng
2. 差不多 chà · bùduō
3. 患病 huànbìng
4. 护士 hùshi
5. 血管 xuèguǎn
6. 针眼 zhēnyǎnr
7. 不禁 bùjīn
8. 扎针 zhā-zhēn
9. 紧张 jǐnzhāng
10. 将心比心 jiāngxīn-bǐxīn
11. 生出 shēngchū

作品 18 号

作品 18 号

晋祠之美，在山，在树，在水。

这里的山，巍巍的，有如一道屏障；长长的，又如伸开的两臂，将晋祠拥在怀中。春日黄花满山，径幽香远；秋来草木萧疏，天高水清。无论什么时候拾级登山都会心旷神怡。

这里的树，以古老苍劲见长。有两棵老树：一棵是周柏，另一棵是唐槐。那周柏，树干劲直，树皮皱裂，顶上挑着几根青青的疏枝，偃卧于石阶旁。那唐槐，老干粗大，虬枝盘屈，一簇簇柔条，绿叶如盖。还有水边殿外的松柏槐柳，无不显出苍劲的风骨。以造型奇特见长的，有的偃如老妪负水，有的挺如壮士托天，不一而足。圣母殿前的左扭柏，拔地而起，直冲云霄，它的树皮上的纹理一齐向左边拧去，一圈一圈，丝纹不乱，像地下旋起了一股烟，又似天上垂下了一根绳。晋祠在古木的荫护下，显得分外幽静、典雅。

这里的水，多、清、静、柔。在园里信步，但见这里一泓深潭，那里一条小渠。桥下有河，亭中有井，路边有溪。石间细流脉脉，如线如缕；林中碧波闪闪，如锦如缎。这些水都来自"难老泉"。泉上有亭，亭上悬挂着清代著名学者傅山写的"难老泉"三个字。这么多的水长流不息，日日夜夜发出叮叮咚咚的响声。水的清澈真令人叫绝，无论 // 多深的水，只要光线好，游鱼碎石，历历可见。水的流势都不大，清清的微波，将长长的草蔓拉成一缕缕的丝，铺在河底，挂在岸边，合着那些金鱼、青苔以及石栏的倒影，织成一条条大飘带，穿亭绕榭，冉冉不绝。当年李白来到这里，曾赞叹说："晋祠流水如碧玉。"当你沿着流水去观赏那亭台楼阁时，也许会这样问：这几百间建筑怕都是在水上漂着的吧！

节选自梁衡《晋祠》

读音提示

1. 晋祠 Jìncí
2. 径幽香远 jìngyōu-xiāngyuǎn
3. 拾级 shèjí
4. 苍劲 cāngjìng
5. 周柏 zhōubǎi
6. 劲直 jìngzhí
7. 皱裂 zhòuliè
8. 偃卧 yǎnwò
9. 虬枝盘屈 qiúzhī pánqū
10. 槐柳 huái liǔ
11. 偃如 yǎn rú
12. 老妪负水 lǎoyù fù shuǐ
13. 荫护 yìnhù
14. 一泓深潭 yì hóng shēntán
15. 细流脉脉 xìliú mòmò
16. 如线如缕 rú xiàn rú lǚ
17. 难老泉 Nánlǎoquán
18. 清澈 qīngchè

作品 19 号

作品 19 号

人们常常把人与自然对立起来，宣称要征服自然。殊不知在大自然面前，人类永远只是一个天真幼稚的孩童，只是大自然机体上普通的一部分，正像一株小草只是她的普通一部分一样。如果说自然的智慧是大海，那么，人类的智慧就只是大海中的一个小水滴，虽然这个水滴也能映照大海，但毕竟不是大海，可是，人们竟然不自量力地宣称要用这滴水来代替大海。

看着人类这种狂妄的表现，大自然一定会窃笑——就像母亲面对无知的孩子那样的笑。人类的作品飞上了太空，打开了一个个微观世界，于是人类沾沾自喜，以为揭开了大自然的秘密。可是，在自然看来，人类上下翻飞的这片巨大空间，不过是咫尺之间而已，就如同鲲鹏看待斥鷃一般，只是蓬蒿之间罢了。即使从人类自身智慧发展史的角度看，人类也没有理由过分自傲：人类的知识与其祖先相比诚然有了极大的进步，似乎有嘲笑古人的资本；可是，殊不知对于后人而言我们也是古人，一万年以后的人们也同样会嘲笑今天的我们，也许在他们看来，我们的科学观念还幼稚得很，我们的航天器在他们眼中不过是个非常简单的 // 儿童玩具。

节选自严春友《敬畏自然》

读音提示

1. 宣称 xuānchēng
2. 殊不知 shūbùzhī
3. 不自量力 búzìliànglì
4. 狂妄 kuángwàng
5. 窃笑 qièxiào
6. 沾沾自喜 zhānzhān-zìxǐ
7. 上下翻飞 shàngxià fānfēi
8. 咫尺之间 zhǐchǐ zhījiān
9. 鲲鹏 kūnpéng
10. 斥鷃 chìyàn
11. 蓬蒿 pénghāo
12. 即使 jíshǐ
13. 祖先 zǔxiān
14. 诚然 chéngrán
15. 观念 guānniàn
16. 航天器 hángtiānqì

作品 20 号

作品 20 号

舞台上的幕布拉开了，音乐奏起来了。演员们踩着音乐的拍子，以庄重而有节奏的步法走到灯光前面来了。灯光射在他们五颜六色的服装和头饰上，一片金碧辉煌的彩霞。

当女主角穆桂英以轻盈而矫健的步子出场的时候，这个平静的海面陡然动荡起来了，它上面卷起了一阵暴风雨：观众像触了电似的迅即对这位女英雄报以雷鸣般的掌声。她开始唱了。她圆润的歌喉在夜空中颤动，听起来辽远而又切近，柔和而又铿锵。戏词像珠子似的从她的一笑一颦中，从她优雅的“水袖”中，从她婀娜的身段中，一粒一粒地滚下来，滴在地上，溅到空中，落进每一个人的心里，引起一片深远的回音。这回音听不见，却淹没了刚才涌起的那一阵热烈的掌声。

观众像着了魔一样，忽然变得鸦雀无声。他们看得入了神。他们的感情和舞台上女主角的感情融在了一起。女主角的歌舞渐渐进入高潮。观众的情感也渐渐进入高潮。潮在涨。没有谁能控制住它。这个一度平静下来的人海忽然又动荡起来了。戏就在这时候要到达顶点。我们的女主角在这时候就像一朵盛开的鲜花，观众想把这朵鲜花捧在手里，不让 // 它消逝。他们不约而同地从座位上立起来，像潮水一样，涌到我们这位艺术家面前。舞台已经失去了界限，整个的剧场成了一个庞大的舞台。

我们这位艺术家是谁呢？他就是梅兰芳同志。半个世纪的舞台生涯过去了，六十六岁的高龄，仍然能创造出这样富有朝气的美丽形象，表现出这样充沛的青春活力，这不能不说是奇迹。这奇迹的产生是必然的，因为我们拥有这样热情的观众和这样热情的艺术家。

节选自叶君健《看戏》

读音提示

1. 女主角 nǚzhǔjué
2. 轻盈 qīngyíng
3. 陡然 dǒurán
4. 似的 shìde
5. 迅即 xùnjí
6. 女英雄 nǚyīngxióng
7. 圆润 yuánrùn
8. 切近 qièjìn
9. 铿锵 kēngqiāng
10. 一笑一颦 yìpínyíxiào
11. 婀娜 ēnuó
12. 淹没 yānmò
13. 涨 zhǎng

作品 21 号

作品 21 号

十年，在历史上不过是一瞬间。只要稍加注意，人们就会发现：在这一瞬间里，各种事物都悄悄经历了自己的千变万化。

这次重新访日，我处处感到亲切和熟悉，也在许多方面发觉了日本的变化。就拿奈良的一个角落来说吧，我重游了为之感受很深的唐招提寺，在寺内各处匆匆走了一遍，庭院依旧，但意想不到还看到了一些新的东西。其中之一，就是近几年从中国移植来的“友谊之莲”。

在存放鉴真遗像的那个院子里，几株中国莲昂然挺立，翠绿的宽大荷叶正迎风而舞，显得十分愉快。开花的季节已过，荷花朵朵已变为莲蓬累累。莲子的颜色正在由青转紫，看来已经成熟了。

我禁不住想：“因”已转化为“果”。

中国的莲花开在日本，日本的樱花开在中国，这不是偶然。我希望这样一种盛况延续不衰。

在这些日子里，我看到了不少多年不见的老朋友，又结识了一些新朋友。大家喜欢涉及的话题之一，就是古长安和古奈良。那还用得着问吗，朋友们缅怀过去，正是瞩望未来。瞩目于未来的人们必将获得未来。

我不例外，也希望一个美好的未来。

为了中日人民之间的友谊，我将不会浪费今后生命的每一瞬间。//

节选自严文井《莲花和樱花》

读音提示

1. 瞬间 shùnjiān
2. 熟悉 shú · xī
3. 奈良 Nàiliáng
4. 为 wèi
5. 唐招提寺 Táng Zhāotí Sì
6. 东西 dōngxi
7. 友谊 yǒuyì
8. 鉴真 Jiànzhēn
9. 昂然 ángrán
10. 莲蓬累累 liánpeng-léiléi
11. 莲子 liánzǐ
12. 成熟 chéngshú
13. 缅怀 miǎnhuái
14. 瞩望 zhǔwàng

作品22号

作品22号

我打猎归来，沿着花园的林阴路走着。狗跑在我前边。

突然，狗放慢脚步，蹑足潜行，好像嗅到了前边有什么野物。

我顺着林阴路望去，看见了一只嘴边还带黄色、头上生着柔毛的小麻雀。风猛烈地吹打着林阴路上的白桦树，麻雀从巢里跌落下来，呆呆地伏在地上，孤立无援地张开两只羽毛还未丰满的小翅膀。

我的狗慢慢向它靠近。忽然，从附近一棵树上飞下一只黑胸脯的老麻雀，像一颗石子似的落到狗的跟前。老麻雀全身倒竖着羽毛，惊恐万状，发出绝望、凄惨的叫声，接着向露出牙齿、大张着的狗嘴扑去。

老麻雀是猛扑下来救护幼雀的。它用身体掩护着自己的幼儿……但它整个小小的身体因恐怖而战栗着，它小小的声音也变得粗暴嘶哑，它在牺牲自己！

在它看来，狗该是多么庞大的怪物啊！然而，它还是不能站在自己高高的、安全的树枝上……一种比它的理智更强烈的力量，使它从那儿扑下身来。

我的狗站住了，向后退了退……看来，它也感到了这种力量。

我赶紧唤住惊慌失措的狗，然后我怀着崇敬的心情，走开了。

是啊，请不要见笑。我崇敬那只小小的、英勇的鸟儿，我崇敬它那种爱的冲动和力量。

爱，我 // 想，比死和死的恐惧更强大。只有依靠它，依靠这种爱，生命才能维持下去，发展下去。

节选自［俄］屠格涅夫《麻雀》，巴金译

读音提示

1. 蹑足潜行 nièzú-qiánxíng
2. 白桦树 báihuàshù
3. 跌落 diēluò
4. 翅膀 chìbǎng
5. 附近 fùjìn
6. 胸脯 xiōngpú
7. 似的 shìde
8. 倒竖 dàoshù
9. 露出 lòuchū
10. 战栗 zhànlì
11. 嘶哑 sīyǎ
12. 牺牲 xīshēng
13. 怪物 guàiwu
14. 惊慌失措 jīnghuāng-shīcuò
15. 鸟儿 niǎo'ér
16. 冲动 chōngdòng

作品 23 号

作品 23 号

在浩瀚无垠的沙漠里，有一片美丽的绿洲，绿洲里藏着一颗闪光的珍珠。这颗珍珠就是敦煌莫高窟。它坐落在我国甘肃省敦煌市三危山和鸣沙山的怀抱中。

鸣沙山东麓是平均高度为十七米的崖壁。在一千六百多米长的崖壁上，凿有大小洞窟七百余个，形成了规模宏伟的石窟群。其中四百九十二个洞窟中，共有彩色塑像两千一百余尊，各种壁画共四万五千多平方米。莫高窟是我国古代无数艺术匠师留给人类的珍贵文化遗产。

莫高窟的彩塑，每一尊都是一件精美的艺术品。最大的有九层楼那么高，最小的还不如一个手掌大。这些彩塑个性鲜明，神态各异。有慈眉善目的菩萨，有威风凛凛的天王，还有强壮勇猛的力士……

莫高窟壁画的内容丰富多彩，有的是描绘古代劳动人民打猎、捕鱼、耕田、收割的情景，有的是描绘人们奏乐、舞蹈、演杂技的场面，还有的是描绘大自然的美丽风光。其中最引人注目的是飞天。壁画上的飞天，有的臂挎花篮，采摘鲜花；有的反弹琵琶，轻拨银弦；有的倒悬身子，自天而降；有的彩带飘拂，漫天遨游；有的舒展着双臂，翩翩起舞。看着这些精美动人的壁画，就像走进了 // 灿烂辉煌的艺术殿堂。

莫高窟里还有一个面积不大的洞窟——藏经洞。洞里曾藏有我国古代的各种经卷、文书、帛画、刺绣、铜像等共六万多件。由于清朝政府腐败无能，大量珍贵的文物被外国强盗掠走。仅存的部分经卷，现在陈列于北京故宫等处。

莫高窟是举世闻名的艺术宝库。这里的每一尊彩塑、每一幅壁画、每一件文物，都是中国古代人民智慧的结晶。

节选自《莫高窟》

读音提示

1. 浩瀚无垠 hàohàn wúyín
2. 敦煌莫高窟 Dūnhuáng-Mògāokū
3. 鸣沙山 Míngshā-Shān
4. 东麓 dōnglù
5. 彩色塑像 cǎisè-sùxiàng
6. 菩萨 pú · sà
7. 威风凛凛 wēifēng-lǐnlǐn
8. 挎 kuà
9. 琵琶 pí · pá
10. 轻拨银弦 qīng-bō-yínxián
11. 倒悬身子 dào-xuán-shēnzi
12. 飘拂 piāofú
13. 漫天遨游 màntiān-áoyóu
14. 翩翩起舞 piānpiān-qǐwǔ

作品24号

作品24号

森林涵养水源，保持水土，防止水旱灾害的作用非常大。据专家测算，一片十万亩面积的森林，相当于一个两百万立方米的水库，这正如农谚所说的："山上多栽树，等于修水库。雨多它能吞，雨少它能吐。"

说起森林的功劳，那还多得很。它除了为人类提供木材及许多种生产、生活的原料之外，在维护生态环境方面也是功劳卓著，它用另一种"能吞能吐"的特殊功能孕育了人类。因为地球在形成之初，大气中的二氧化碳含量很高，氧气很少，气温也高，生物是难以生存的。大约在四亿年之前，陆地才产生了森林。森林慢慢将大气中的二氧化碳吸收，同时吐出新鲜氧气，调节气温：这才具备了人类生存的条件，地球上才最终有了人类。

森林，是地球生态系统的主体，是大自然的总调度室，是地球的绿色之肺。森林维护地球生态环境的这种"能吞能吐"的特殊功能是其他任何物体都不能取代的。然而，由于地球上的燃烧物增多，二氧化碳的排放量急剧增加，使得地球生态环境急剧恶化，主要表现为全球气候变暖，水分蒸发加快，改变了气流的循环，使气候变化加剧，从而引发热浪、飓风、暴雨、洪涝及干旱。

为了 // 使地球的这个"能吞能吐"的绿色之肺恢复健壮，以改善生态环境，抑制全球变暖，减少水旱等自然灾害，我们应该大力造林、护林，使每一座荒山都绿起来。

节选自《"能吞能吐"的森林》

读音提示

1. 涵养 hányǎng
2. 农谚 nóngyàn
3. 提供 tígōng
4. 能吞能吐 néngtūn-néngtǔ
5. 孕育 yùnyù
6. 因为 yīn · wèi
7. 调度室 diàodùshì
8. 飓风 jùfēng
9. 洪涝 hónglào
10. 干旱 gānhàn

作品 25 号

作品 25 号

中国没有人不爱荷花的。可我们楼前池塘中独独缺少荷花。每次看到或想到，总觉得是一块心病。有人从湖北来，带来了洪湖的几颗莲子，外壳呈黑色，极硬。据说，如果埋在淤泥中，能够千年不烂。我用铁锤在莲子上砸开了一条缝，让莲芽能够破壳而出，不至永远埋在泥中。把五六颗敲破的莲子投入池塘中，下面就是听天由命了。

这样一来，我每天就多了一件工作：到池塘边上去看上几次。心里总是希望，忽然有一天，“小荷才露尖尖角”，有翠绿的莲叶长出水面。可是，事与愿违，投下去的第一年，一直到秋凉落叶，水面上也没有出现什么东西。但是到了第三年，却忽然出了奇迹。有一天，我忽然发现，在我投莲子的地方长出了几个圆圆的绿叶，虽然颜色极惹人喜爱，但是却细弱单薄，可怜兮兮地平卧在水面上，像水浮莲的叶子一样。

真正的奇迹出现在第四年上。到了一般荷花长叶的时候，在去年飘浮着五六个叶片的地方，一夜之间，突然长出了一大片绿叶，叶片扩张的速度，范围的扩大，都是惊人地快。几天之内，池塘内不小一部分，已经全为绿叶所覆盖。而且原来平卧在水面上的像是水浮莲一样的 // 叶片，不知道是从哪里聚集来了力量，有一些竟然跃出了水面，长成了亭亭的荷叶。这样一来，我心中的疑云一扫而光：池塘中生长的真正是洪湖莲花的子孙了。我心中狂喜，这几年总算是没有白等。

节选自季羡林《清塘荷韵》

读音提示

1. 洪湖 Hóng Hú
2. 莲子 liánzǐ
3. 淤泥 yūní
4. 一条缝 yì tiáo fèngr
5. 莲芽 liányár
6. 翠绿 cuìlǜ
7. 事与愿违 shìyǔyuànwéi
8. 东西 dōngxi
9. 地方 dìfang
10. 单薄 dānbó
11. 可怜兮兮 kěliánxīxī
12. 水浮莲 shuǐfúlián
13. 飘浮 piāofú
14. 部分 bùfen

作品 26 号

作品 26 号

在原始社会里，文字还没有创造出来，却先有了歌谣一类的东西。这也就是文艺。

文字创造出来以后，人就用它把所见所闻所想所感的一切记录下来。一首歌谣，不但口头唱，还要刻呀，漆呀，把它保留在什么东西上。这样，文艺和文字就并了家。

后来纸和笔普遍地使用了，而且发明了印刷术。凡是需要记录下来的东西，要多少份就可以有多少份。于是所谓文艺，从外表说，就是一篇稿子，一部书，就是许多文字的集合体。

文字是一道桥梁，通过了这一道桥梁，读者才和作者会面。不但会面，并且了解作者的心情，和作者的心情相契合。

就作者的方面说，文艺的创作决不是随便取许多文字来集合在一起。作者着手创作，必然对于人生先有所见，先有所感。他把这些所见所感写出来，不作抽象的分析，而作具体的描写，不作刻板的记载，而作想象的安排。他准备写的不是普通的论说文、记叙文；他准备写的是文艺。他动手写，不但选择那些最适当的文字，让它们集合起来，还要审查那些写下来的文字，看有没有应当修改或是增减的。总之，作者想做到的是：写下来的文字正好传达出他的所见所感。

就读者的 // 方面说，读者看到的是写在纸面或者印在纸面的文字，但是看到文字并不是他们的目的。他们要通过文字去接触作者的所见所感。

节选自叶圣陶《驱遣我们的想象》

读音提示

1. 歌谣 gēyáo
2. 东西 dōngxi
3. 印刷术 yìnshuāshù
4. 集合体 jíhétǐ
5. 桥梁 qiáoliáng
6. 契合 qìhé
7. 着手 zhuóshǒu
8. 记载 jìzǎi
9. 适当 shìdàng
10. 增减 zēngjiǎn

作品 27 号

作品 27 号

语言，也就是说话，好像是极其稀松平常的事儿。可是仔细想想，实在是一件了不起的大事。正是因为说话跟吃饭、走路一样的平常，人们才不去想它究竟是怎么回事儿。其实这三件事儿都是极不平常的，都是使人类不同于别的动物的特征。

记得在小学里读书的时候，班上有一位“能文”的大师兄，在一篇作文的开头写下这么两句：“鹦鹉能言，不离于禽；猩猩能言，不离于兽。”我们看了都非常佩服。后来知道这两句是有来历的，只是字句有些出入。又过了若干年，才知道这两句话都有问题。鹦鹉能学人说话，可只是作为现成的公式来说，不会加以变化。只有人们说话是从具体情况出发，情况一变，话也跟着变。

西方学者拿黑猩猩做实验，它们能学会极其有限的一点儿符号语言，可是学不会把它变成有声语言。人类语言之所以能够“随机应变”，在于一方面能把语音分析成若干音素，又把这些音素组合成音节，再把音节连缀起来。另一方面，又能分析外界事物及其变化，形成无数的“意念”，一一配以语音，然后综合运用，表达各种复杂的意思。一句话，人类语言的特点就在于能用变化无穷的语音，表达变化无穷的 // 意义。这是任何其他动物办不到的。

节选自吕叔湘《人类的语言》

读音提示

1. 稀松平常 xīsōng píngcháng
2. 因为 yīn · wèi
3. 特征 tèzhēng
4. 鹦鹉 yīngwǔ
5. 不离于禽 bù lí yú qín
6. 猩猩 xīngxing
7. 不离于兽 bù lí yú shòu
8. 佩服 pèi · fú
9. 符号 fúhào
10. 随机应变 suíjī-yìngbiàn
11. 音素 yīnsù
12. 连缀 liánzhuì
13. 意念 yìniàn
14. 意思 yìsi

作品 28 号

作品 28 号

父亲喜欢下象棋。那一年，我大学回家度假，父亲教我下棋。

我们俩摆好棋，父亲让我先走三步，可不到三分钟，三下五除二，我的兵将损失大半，棋盘上空荡荡的，只剩下老帅、士和一车两卒在孤军奋战。我还不肯罢休，可是已无力回天，眼睁睁看着父亲“将军”，我输了。

我不服气，摆棋再下。几次交锋，基本上都是不到十分钟我就败下阵来。我不禁有些泄气。父亲对我说：“你初学下棋，输是正常的。但是你要知道输在什么地方；否则，你就是再下上十年，也还是输。”

“我知道，输在棋艺上。我技术上不如你，没经验。”

“这只是次要因素，不是最重要的。”

“那最重要的是什么？”我奇怪地问。

“最重要的是你的心态不对。你不珍惜你的棋子。”

“怎么不珍惜呀？我每走一步，都想半天。”我不服气地说。

“那是后来，开始你是这样吗？我给你计算过，你三分之二的棋子是在前三分之一的时间内丢失的。这期间你走棋不假思索，拿起来就走，失了也不觉得可惜。因为你觉得棋子很多，失一两个不算什么。”

我看看父亲，不好意思地低下头。“后三分之二的时间，你又犯了相反的错误：对棋子过于珍惜，每走一步，都思前想后，患得患失，一个棋也不想失，// 结果一个一个都失去了。”

节选自林夕《人生如下棋》

读音提示

1. 喜欢 xǐhuan
2. 一车两卒 yì jū liǎng zú
3. 眼睁睁 yǎnzhēngzhēng
4. 将军 jiāngjūn
5. 不禁 bùjīn
6. 地方 dìfang
7. 棋子 qízǐ
8. 不假思索 bùjiǎ-sīsuǒ
9. 因为 yīn・wèi
10. 不好意思 bù hǎo yìsi

作品 29 号

作品 29 号

仲夏，朋友相邀游十渡。在城里住久了，一旦进入山水之间，竟有一种生命复苏的快感。

下车后，我们舍弃了大路，挑选了一条半隐半现在庄稼地里的小径，弯弯绕绕地来到了十渡渡口。夕阳下的拒马河慷慨地撒出一片散金碎玉，对我们表示欢迎。

岸边山崖上刀斧痕犹存的崎岖小道，高低凸凹，虽没有“难于上青天”的险恶，却也有踏空了滚到拒马河洗澡的风险。狭窄处只能手扶岩石贴壁而行。当“东坡草堂”几个红漆大字赫然出现在前方岩壁时，一座镶嵌在岩崖间的石砌茅草屋同时跃进眼底。草屋被几级石梯托得高高的，屋下俯瞰着一湾河水，屋前顺山势辟出了一片空地，算是院落吧！右侧有一小小的蘑菇形的凉亭，内设石桌石凳，亭顶褐黄色的茅草像流苏般向下垂泻，把现实和童话串成了一体。草屋的构思者最精彩的一笔，是设在院落边沿的柴门和篱笆，走近这儿，便有了“花径不曾缘客扫，蓬门今始为君开”的意思。

当我们重登凉亭时，远处的蝙蝠山已在夜色下化为剪影，好像就要展翅扑来。拒马河趁人们看不清它的容貌时豁开了嗓门儿韵味十足地唱呢！偶有不安分的小鱼儿和青蛙蹦跳 // 成声，像是为了强化这夜曲的节奏。此时，只觉世间唯有水声和我，就连偶尔从远处赶来歇脚的晚风，也悄无声息。

当我渐渐被夜的凝重与深邃所融蚀，一缕新的思绪涌动时，对岸沙滩上燃起了篝火，那鲜亮的火光，使夜色有了躁动感。篝火四周，人影绰约，如歌似舞。朋友说，那是北京的大学生们，结伴来这儿度周末的。遥望那明灭无定的火光，想象着篝火映照的青春年华，也是一种意想不到的乐趣。

节选自刘延《十渡游趣》

读音提示

1. 仲夏 zhòngxià
2. 庄稼地 zhuāngjiadì
3. 散金碎玉 sǎnjīn-suìyù
4. 刀斧痕 dāofǔhén
5. 崎岖 qíqū
6. 凸凹 tū'āo
7. 狭窄处 xiázhǎichù
8. 赫然 hèrán
9. 镶嵌 xiāngqiàn
10. 岩崖间 yányá jiān
11. 俯瞰 fǔkàn
12. 辟出 pìchū
13. 蘑菇形 móguxíng
14. 褐黄色 hèhuángsè
15. 篱笆 líba
16. 蝙蝠山 Biānfú Shān
17. 豁开 huōkāi
18. 嗓门儿 sǎngménr

作品 30 号

作品 30 号

在闽西南和粤东北的崇山峻岭中，点缀着数以千计的圆形围屋或土楼，这就是被誉为“世界民居奇葩”的客家民居。

客家人是古代从中原繁盛的地区迁到南方的。他们的居住地大多在偏僻、边远的山区，为了防备盗匪的骚扰和当地人的排挤，便建造了营垒式住宅，在土中掺石灰，用糯米饭、鸡蛋清作黏合剂，以竹片、木条作筋骨，夯筑起墙厚一米，高十五米以上的土楼。它们大多为三至六层楼，一百至二百多间房屋如橘瓣状排列，布局均匀，宏伟壮观。大部分土楼有两三百年甚至五六百年的历史，经受无数次地震撼动、风雨侵蚀以及炮火攻击而安然无恙，显示了传统建筑文化的魅力。

客家先民崇尚圆形，认为圆是吉祥、幸福和安宁的象征。土楼围成圆形的房屋均按八卦布局排列，卦与卦之间设有防火墙，整齐划一。

客家人在治家、处事、待人、立身等方面，无不体现出明显的文化特征。比如，许多房屋大门上刻着这样的正楷对联：“承前祖德勤和俭，启后子孙读与耕”，表现了先辈希望子孙和睦相处、勤俭持家的愿望。楼内房间大小一模一样，他们不分贫富、贵贱，每户人家平等地分到底层至高层各 // 一间房。各层房屋的用途惊人地统一，底层是厨房兼饭堂，二层当贮仓，三层以上作卧室，两三百人聚居一楼，秩序井然，毫不混乱。土楼内所保留的民俗文化，让人感受到中华传统文化的深厚久远。

节选自张宇生《世界民居奇葩》

读音提示

1. 闽西南 Mǐnxīnán
2. 崇山峻岭 chóngshān-jùnlǐng
3. 点缀 diǎnzhuì
4. 奇葩 qípā
5. 偏僻 piānpì
6. 骚扰 sāorǎo
7. 掺 chān
8. 黏合剂 niánhéjì
9. 夯筑 hāngzhù
10. 橘瓣状 júbànzhuàng
11. 侵蚀 qīnshí
12. 安然无恙 ānrán-wúyàng
13. 防火墙 fánghuǒqiáng
14. 处事 chǔshì
15. 和睦相处 hémù xiāngchǔ
16. 一模一样 yìmú-yíyàng

作品 31 号

作品 31 号

我国的建筑，从古代的宫殿到近代的一般住房，绝大部分是对称的，左边怎么样，右边也怎么样。苏州园林可绝不讲究对称，好像故意避免似的。东边有了一个亭子或者一道回廊，西边决不会来一个同样的亭子或者一道同样的回廊。这是为什么？我想，用图画来比方，对称的建筑是图案画，不是美术画，而园林是美术画，美术画要求自然之趣，是不讲究对称的。

苏州园林里都有假山和池沼。

假山的堆叠，可以说是一项艺术而不仅是技术。或者是重峦叠嶂，或者是几座小山配合着竹子花木，全在乎设计者和匠师们生平多阅历，胸中有丘壑，才能使游览者攀登的时候忘却苏州城市，只觉得身在山间。

至于池沼，大多引用活水。有些园林池沼宽敞，就把池沼作为全园的中心，其他景物配合着布置。水面假如成河道模样，往往安排桥梁。假如安排两座以上的桥梁，那就一座一个样，决不雷同。

池沼或河道的边沿很少砌齐整的石岸，总是高低屈曲任其自然。还在那儿布置几块玲珑的石头，或者种些花草。这也是为了取得从各个角度看都成一幅画的效果。池沼里养着金鱼或各色鲤鱼，夏秋季节荷花或睡莲 // 开放，游览者看“鱼戏莲叶间”，又是入画的一景。

节选自叶圣陶《苏州园林》

读音提示

1. 部分 bùfen
2. 对称 duìchèn
3. 似的 shìde
4. 比方 bǐfang
5. 池沼 chízhǎo
6. 重峦叠嶂 chóngluán-diézhàng
7. 丘壑 qiūhè
8. 模样 múyàng
9. 边沿 biānyán
10. 屈曲 qūqū
11. 玲珑 línglóng
12. 石头 shítou
13. 一幅画 yì fú huà

作品 32 号

作品 32 号

泰山极顶看日出，历来被描绘成十分壮观的奇景。有人说：登泰山而看不到日出，就像一出大戏没有戏眼，味儿终究有点寡淡。

我去爬山那天，正赶上个难得的好天，万里长空，云彩丝儿都不见。素常烟雾腾腾的山头，显得眉目分明。同伴们都欣喜地说："明天早晨准可以看见日出了。"我也是抱着这种想头，爬上山去。

一路从山脚往上爬，细看山景，我觉得挂在眼前的不是五岳独尊的泰山，却像一幅规模惊人的青绿山水画，从下面倒展开来。在画卷中最先露出的是山根底那座明朝建筑岱宗坊，慢慢地便现出王母池、斗母宫、经石峪。山是一层比一层深，一叠比一叠奇，层层叠叠，不知还会有多深多奇。万山丛中，时而点染着极其工细的人物。王母池旁的吕祖殿里有不少尊明塑，塑着吕洞宾等一些人，姿态神情是那样有生气，你看了，不禁会脱口赞叹说："活啦。"

画卷继续展开，绿阴森森的柏洞露面不太久，便来到对松山。两面奇峰对峙着，满山峰都是奇形怪状的老松，年纪怕都有上千岁了，颜色竟那么浓，浓得好像要流下来似的。来到这儿，你不妨权当一次画里的写意人物，坐在路旁的对松亭里，看看山色，听听流 // 水和松涛。

一时间，我又觉得自己不仅是在看画卷，却又像是在零零乱乱翻着一卷历史稿本。

节选自杨朔《泰山极顶》

读音提示

1. 味儿 wèir
2. 有点 yǒudiǎnr
3. 云彩丝儿 yúncaisīr
4. 想头 xiǎngtou
5. 一幅 yìfú
6. 露出 lòuchū
7. 山根 shāngēnr
8. 岱宗坊 Dàizōngfāng
9. 斗母宫 Dòumǔgōng
10. 经石峪 Jīngshíyù
11. 吕祖殿 Lǚzǔdiàn
12. 不禁 bùjīn
13. 绿阴森森 lǜyīn sēnsēn
14. 柏洞 Bǎidòng
15. 露面 lòumiàn
16. 对峙 duìzhì
17. 权当 quán dàng

作品 33 号

作品 33 号

在太空的黑幕上，地球就像站在宇宙舞台中央那位最美的大明星，浑身散发出夺人心魄的、彩色的、明亮的光芒，她披着浅蓝色的纱裙和白色的飘带，如同天上的仙女缓缓飞行。

地理知识告诉我，地球上大部分地区覆盖着海洋，我果然看到了大片蔚蓝色的海水，浩瀚的海洋骄傲地披露着广阔壮观的全貌，我还看到了黄绿相间的陆地，连绵的山脉纵横其间；我看到我们平时所说的天空，大气层中飘浮着片片雪白的云彩，那么轻柔，那么曼妙，在阳光普照下，仿佛贴在地面上一样。海洋、陆地、白云，它们呈现在飞船下面，缓缓驶来，又缓缓离去。

我知道自己还是在轨道上飞行，并没有完全脱离地球的怀抱，冲向宇宙的深处，然而这也足以让我震撼了，我并不能看清宇宙中众多的星球，因为实际上它们离我们的距离非常遥远，很多都是以光年计算。正因为如此，我觉得宇宙的广袤真实地摆在我的眼前，即便作为中华民族第一个飞天的人我已经跑到离地球表面四百公里的空间，可以称为太空人了，但是实际上在浩瀚的宇宙面前，我仅像一粒尘埃。

虽然独自在太空飞行，但我想到了此刻千万 // 中国人翘首以待，我不是一个人在飞，我是代表所有中国人，甚至人类来到了太空。我看到的一切证明了中国航天技术的成功，我认为我的心情一定要表达一下，就拿出太空笔，在工作日志背面写了一句话：“为了人类的和平与进步，中国人来到太空了。”以此来表达一个中国人的骄傲和自豪。

节选自杨利伟《天地九重》

读音提示

1. 散发 sànfā
2. 浩瀚 hàohàn
3. 披露 pīlù
4. 黄绿相间 huáng-lǜ xiāngjiàn
5. 连绵 liánmián
6. 纵横其间 zònghéng qíjiān
7. 飘浮 piāofú
8. 云彩 yúncai
9. 仿佛 fǎngfú
10. 深处 shēnchù
11. 星球 xīngqiú
12. 因为 yīn · wèi
13. 广袤 guǎngmào
14. 即便 jíbiàn

作品 34 号

作品 34 号

最使我难忘的，是我小学时候的女教师蔡芸芝先生。

现在回想起来，她那时有十八九岁。右嘴角边有榆钱大小一块黑痣。在我的记忆里，她是一个温柔和美丽的人。

她从来不打骂我们。仅仅有一次，她的教鞭好像要落下来，我用石板一迎，教鞭轻轻地敲在石板边上，大伙笑了，她也笑了。我用儿童的狡猾的眼光察觉，她爱我们，并没有存心要打的意思。孩子们是多么善于观察这一点啊。

在课外的时候，她教我们跳舞，我现在还记得她把我扮成女孩子表演跳舞的情景。

在假日里，她把我们带到她的家里和女朋友的家里。在她的女朋友的园子里，她还让我们观察蜜蜂；也是在那时候，我认识了蜂王，并且平生第一次吃了蜂蜜。

她爱诗，并且爱用歌唱的音调教我们读诗。直到现在我还记得她读诗的音调，还能背诵她教我们的诗：

圆天盖着大海，

黑水托着孤舟，

远看不见山，

那天边只有云头，

也看不见树，

那水上只有海鸥……

今天想来，她对我的接近文学和爱好文学，是有着多么有益的影响！

像这样的教师，我们怎么会不喜欢她，怎么会不愿意和她亲近呢？我们见了她不由得就围上去。即使她写字的时候，我 // 们也默默地看着她，连她握铅笔的姿势都急于模仿。

节选自魏巍《我的老师》

读音提示

1. 先生 xiānsheng
2. 一块 yíkuàir
3. 黑痣 hēizhì
4. 大伙 dàhuǒr
5. 意思 yìsi
6. 即使 jíshǐ

作品 35 号

作品 35 号

我喜欢出发。

凡是到达了的地方，都属于昨天。哪怕那山再青，那水再秀，那风再温柔。太深的流连便成了一种羁绊，绊住的不仅有双脚，还有未来。

怎么能不喜欢出发呢？没见过大山的巍峨，真是遗憾；见了大山的巍峨没见过大海的浩瀚，仍然遗憾；见了大海的浩瀚没见过大漠的广袤，依旧遗憾；见了大漠的广袤没见过森林的神秘，还是遗憾。世界上有不绝的风景，我有不老的心情。

我自然知道，大山有坎坷，大海有浪涛，大漠有风沙，森林有猛兽。即便这样，我依然喜欢。

打破生活的平静便是另一番景致，一种属于年轻的景致。真庆幸，我还没有老。即便真老了又怎么样，不是有句话叫老当益壮吗？

于是，我还想从大山那里学习深刻，我还想从大海那里学习勇敢，我还想从大漠那里学习沉着，我还想从森林那里学习机敏。我想学着品味一种缤纷的人生。

人能走多远？这话不是要问两脚而是要问志向。人能攀多高？这事不是要问双手而是要问意志。于是，我想用青春的热血给自己树起一个高远的目标。不仅是为了争取一种光荣，更是为了追求一种境界。目标实现了，便是光荣；目标实现不了，人生也会因 // 这一路风雨跋涉变得丰富而充实；在我看来，这就是不虚此生。

是的，我喜欢出发，愿你也喜欢。

节选自汪国真《我喜欢出发》

读音提示

1. 喜欢 xǐhuan
2. 地方 dìfang
3. 流连 liúlián
4. 羁绊 jībàn
5. 巍峨 wēi'é
6. 浩瀚 hàohàn
7. 仍然 réngrán
8. 广袤 guǎngmào
9. 坎坷 kǎnkě
10. 即便 jíbiàn
11. 庆幸 qìngxìng
12. 沉着 chénzhuó
13. 缤纷 bīnfēn
14. 热血 rèxuè

作品 36 号

作品 36 号

乡下人家总爱在屋前搭一瓜架，或种南瓜，或种丝瓜，让那些瓜藤攀上棚架，爬上屋檐。当花儿落了的时候，藤上便结出了青的、红的瓜，它们一个个挂在房前，衬着那长长的藤，绿绿的叶。青、红的瓜，碧绿的藤和叶，构成了一道别有风趣的装饰，比那高楼门前蹲着一对石狮子或是竖着两根大旗杆，可爱多了。

有些人家，还在门前的场地上种几株花，芍药，凤仙，鸡冠花，大丽菊，它们依着时令，顺序开放，朴素中带着几分华丽，显出一派独特的农家风光。还有些人家，在屋后种几十枝竹，绿的叶，青的竿，投下一片浓浓的绿荫。几场春雨过后，到那里走走，你常常会看见许多鲜嫩的笋，成群地从土里探出头来。

鸡，乡下人家照例总要养几只的。从他们的房前屋后走过，你肯定会瞧见一只母鸡，率领一群小鸡，在竹林中觅食；或是瞧见耸着尾巴的雄鸡，在场地上大踏步地走来走去。

他们的屋后倘若有一条小河，那么在石桥旁边，在绿树荫下，你会见到一群鸭子游戏水中，不时地把头扎到水下去觅食。即使附近的石头上有妇女在捣衣，它们也从不吃惊。

若是在夏天的傍晚出去散步，你常常会瞧见乡下人家吃晚饭 // 的情景。他们把桌椅饭菜搬到门前，天高地阔地吃起来。天边的红霞，向晚的微风，头上飞过的归巢的鸟儿，都是他们的好友。它们和乡下人家一起，绘成了一幅自然、和谐的田园风景画。

节选自陈醉云《乡下人家》

读音提示

1. 乡下 xiāngxia
2. 人家 rénjiā
3. 瓜藤 guāténg
4. 棚架 péngjià
5. 屋檐 wūyán
6. 结 jiē
7. 装饰 zhuāngshì
8. 芍药 sháoyao
9. 绿荫 lǜyīn
10. 鲜嫩 xiānnèn
11. 觅食 mìshí
12. 尾巴 wěiba
13. 雄鸡 xióngjī
14. 倘若 tǎngruò
15. 捣衣 dǎoyī

作品 37 号

作品 37 号

我们的船渐渐地逼近榕树了。我有机会看清它的真面目：是一棵大树，有数不清的丫枝，枝上又生根，有许多根一直垂到地上，伸进泥土里。一部分树枝垂到水面，从远处看，就像一棵大树斜躺在水面上一样。

现在正是枝繁叶茂的时节。这棵榕树好像在把它的全部生命力展示给我们看。那么多的绿叶，一簇堆在另一簇的上面，不留一点儿缝隙。翠绿的颜色明亮地在我们的眼前闪耀，似乎每一片树叶上都有一个新的生命在颤动，这美丽的南国的树！

船在树下泊了片刻，岸上很湿，我们没有上去。朋友说这里是“鸟的天堂”，有许多鸟在这棵树上做窝，农民不许人去捉它们。我仿佛听见几只鸟扑翅的声音，但是等到我的眼睛注意地看那里时，我却看不见一只鸟的影子。只有无数的树根立在地上，像许多根木桩。地是湿的，大概涨潮时河水常常冲上岸去。“鸟的天堂”里没有一只鸟，我这样想到。船开了，一个朋友拨着船，缓缓地流到河中间去。

第二天，我们划着船到一个朋友的家乡去，就是那个有山有塔的地方。从学校出发，我们又经过那“鸟的天堂”。

这一次是在早晨，阳光照在水面上，也照在树梢上。一切都 // 显得非常光明。我们的船也在树下泊了片刻。

起初四周围非常清静。后来忽然起了一声鸟叫。我们把手一拍，便看见一只大鸟飞了起来，接着又看见第二只，第三只。我们继续拍掌，很快地这个树林就变得很热闹了。到处都是鸟声，到处都是鸟影。大的，小的，花的，黑的，有的站在枝上叫，有的飞起来，在扑翅膀。

节选自巴金《鸟的天堂》

读音提示

1. 逼近 bījìn
2. 丫枝 yāzhī
3. 缝隙 fèngxì
4. 翠绿 cuìlǜ
5. 闪耀 shǎnyào
6. 颤动 chàndòng
7. 泊 bó
8. 扑翅 pū chì
9. 眼睛 yǎnjing
10. 涨潮 zhǎngcháo
11. 拨着船 bōzhe chuán
12. 树梢 shùshāo

作品 38 号

作品 38 号

两百多年前，科学家做了一次实验。他们在一间屋子里横七竖八地拉了许多绳子，绳子上系着许多铃铛，然后把蝙蝠的眼睛蒙上，让它在屋子里飞。蝙蝠飞了几个钟头，铃铛一个也没响，那么多的绳子，它一根也没碰着。

科学家又做了两次实验：一次把蝙蝠的耳朵塞上，一次把蝙蝠的嘴封住，让它在屋子里飞。蝙蝠就像没头苍蝇似的到处乱撞，挂在绳子上的铃铛响个不停。

三次实验的结果证明，蝙蝠夜里飞行，靠的不是眼睛，而是靠嘴和耳朵配合起来探路的。

后来，科学家经过反复研究，终于揭开了蝙蝠能在夜里飞行的秘密。它一边飞，一边从嘴里发出超声波。而这种声音，人的耳朵是听不见的，蝙蝠的耳朵却能听见。超声波向前传播时，遇到障碍物就反射回来，传到蝙蝠的耳朵里，它就立刻改变飞行的方向。

知道蝙蝠在夜里如何飞行，你猜到飞机夜间飞行的秘密了吗？现代飞机上安装了雷达，雷达的工作原理与蝙蝠探路类似。雷达通过天线发出无线电波，无线电波遇到障碍物就反射回来，被雷达接收到，显示在荧光屏上。从雷达的荧光屏上，驾驶员能够清楚地看到前方有没有障碍物，所 // 以飞机飞行就更安全了。

节选自《夜间飞行的秘密》

读音提示

1. 横七竖八 héngqī-shùbā
2. 绳子 shéngzi
3. 系 jì
4. 铃铛 língdang
5. 蝙蝠 biānfú
6. 眼睛 yǎnjing
7. 蒙上 méng · shàng
8. 塞上 sāi · shàng
9. 苍蝇 cāngying
10. 秘密 mìmì
11. 超声波 chāoshēngbō
12. 荧光屏 yíngguāngpíng

作品 39 号

作品 39 号

北宋时候，有位画家叫张择端。他画了一幅名扬中外的画《清明上河图》。这幅画长五百二十八厘米，高二十四点八厘米，画的是北宋都城汴梁热闹的场面。这幅画已经有八百多年的历史了，现在还完整地保存在北京的故宫博物院里。

张择端画这幅画的时候，下了很大的功夫。光是画上的人物，就有五百多个：有从乡下来的农民，有撑船的船工，有做各种买卖的生意人，有留着长胡子的道士，有走江湖的医生，有摆小摊的摊贩，有官吏和读书人，三百六十行，哪一行的人都画在上面了。

画上的街市可热闹了。街上有挂着各种招牌的店铺、作坊、酒楼、茶馆，走在街上的，是来来往往、形态各异的人：有的骑着马，有的挑着担，有的赶着毛驴，有的推着独轮车，有的悠闲地在街上溜达。画面上的这些人，有的不到一寸，有的甚至只有黄豆那么大。别看画上的人小，每个人在干什么，都能看得清清楚楚。

最有意思的是桥北头的情景：一个人骑着马，正往桥下走。因为人太多，眼看就要碰上对面来的一乘轿子。就在这个紧急时刻，那个牧马人一下子拽住了马笼头，这才没碰上那乘轿子。不过，这么一来，倒把马右边的 // 两头小毛驴吓得又踢又跳。站在桥栏杆边欣赏风景的人，被小毛驴惊扰了，连忙回过头来赶小毛驴。你看，张择端画的画，是多么传神啊！

《清明上河图》使我们看到了八百年以前的古都风貌，看到了当时普通老百姓的生活场景。

节选自滕明道《一幅名扬中外的画》

读音提示

1. 一幅 yìfú
2. 汴梁 Biànliáng
3. 热闹 rènao
4. 功夫 gōngfu
5. 乡下 xiāngxia
6. 买卖 mǎimai
7. 道士 dàoshi
8. 小摊 xiǎotānr
9. 官吏 guānlì
10. 招牌 zhāopai
11. 作坊 zuōfang
12. 茶馆 cháguǎnr
13. 溜达 liūda
14. 桥北头 qiáo běitou
15. 因为 yīn · wèi
16. 一乘轿子 yíshèng jiàozi
17. 拽住 zhuàizhù
18. 马笼头 mǎlóngtou

作品 40 号

作品 40 号

二〇〇〇年，中国第一个以科学家名字命名的股票“隆平高科”上市。八年后，名誉董事长袁隆平所持有的股份以市值计算已经过亿。从此，袁隆平又多了个“首富科学家”的名号。而他身边的学生和工作人员，却很难把这位老人和“富翁”联系起来。

“他哪里有富人的样子。”袁隆平的学生们笑着议论。在学生们的印象里，袁老师永远黑黑瘦瘦，穿一件软塌塌的衬衣。在一次会议上，袁隆平坦言：“不错，我身价二〇〇八年就一千零八亿了，可我真的有那么多钱吗？没有。我现在就是靠每个月六千多元的工资生活，已经很满足了。我今天穿的衣服就五十块钱，但我喜欢的还是昨天穿的那件十五块钱的衬衫，穿着很精神。”袁隆平认为，“一个人的时间和精力是有限的，如果老想着享受，哪有心思搞科研？搞科学研究就是要淡泊名利，踏实做人”。

在工作人员眼中，袁隆平其实就是一位身板硬朗的“人民农学家”，“老人下田从不要人搀扶，拿起套鞋，脚一蹬就走”。袁隆平说：“我有八十岁的年龄，五十多岁的身体，三十多岁的心态，二十多岁的肌肉弹性。”袁隆平的业余生活非常丰富，钓鱼、打排球、听音乐……他说，就是喜欢这些 // 不花钱的平民项目。

二〇一〇年九月，袁隆平度过了他的八十岁生日。当时，他许了个愿：到九十岁时，要实现亩产一千公斤！如果全球百分之五十的稻田种植杂交水稻，每年可增产一点五亿吨粮食，可多养活四亿到五亿人口。

节选自刘畅《一粒种子造福世界》

读音提示

1. 隆平 Lóngpíng
2. 软塌塌 ruǎntātā
3. 坦言 tǎnyán
4. 精神 jīngshen
5. 心思 xīnsi
6. 淡泊 dànbó
7. 踏实 tāshi
8. 身板 shēnbǎnr
9. 硬朗 yìnglang
10. 搀扶 chānfú
11. 年龄 niánlíng
12. 喜欢 xǐhuan

作品 41 号

作品 41 号

北京的颐和园是个美丽的大公园。

进了颐和园的大门，绕过大殿，就来到有名的长廊。绿漆的柱子，红漆的栏杆，一眼望不到头。这条长廊有七百多米长，分成二百七十三间。每一间的横槛上都有五彩的画，画着人物、花草、风景，几千幅画没有哪两幅是相同的。长廊两旁栽满了花木，这一种花还没谢，那一种花又开了。微风从左边的昆明湖上吹来，使人神清气爽。

走完长廊，就来到了万寿山脚下。抬头一看，一座八角宝塔形的三层建筑耸立在半山腰上，黄色的琉璃瓦闪闪发光。那就是佛香阁。下面的一排排金碧辉煌的宫殿，就是排云殿。

登上万寿山，站在佛香阁的前面向下望，颐和园的景色大半收在眼底。葱郁的树丛，掩映着黄的绿的琉璃瓦屋顶和朱红的宫墙。正前面，昆明湖静得像一面镜子，绿得像一块碧玉。游船、画舫在湖面慢慢地滑过，几乎不留一点儿痕迹。向东远眺，隐隐约约可以望见几座古老的城楼和城里的白塔。

从万寿山下来，就是昆明湖。昆明湖围着长长的堤岸，堤上有好几座式样不同的石桥，两岸栽着数不清的垂柳。湖中心有个小岛，远远望去，岛上一片葱绿，树丛中露出宫殿的一角。// 游人走过长长的石桥，就可以去小岛上玩。这座石桥有十七个桥洞，叫十七孔桥。桥栏杆上有上百根石柱，柱子上都雕刻着小狮子。这么多的狮子，姿态不一，没有哪两只是相同的。

颐和园到处有美丽的景色，说也说不尽，希望你有机会去细细游赏。

节选自袁鹰《颐和园》

读音提示

1. 颐和园 Yíhéyuán
2. 长廊 chángláng
3. 横槛 héngjiàn
4. 哪两幅 nǎ liǎng fú
5. 耸立 sǒnglì
6. 佛香阁 Fóxiānggé
7. 金碧辉煌 jīnbì-huīhuáng
8. 宫殿 gōngdiàn
9. 排云殿 Páiyúndiàn
10. 葱郁 cōngyù
11. 掩映 yǎnyìng
12. 琉璃瓦 liú · líwǎ
13. 画舫 huàfǎng
14. 痕迹 hénjì
15. 堤岸 dī'àn
16. 露出 lòuchū

作品 42 号

作品 42 号

一谈到读书，我的话就多了！

我自从会认字后不到几年，就开始读书。倒不是四岁时读母亲给我的商务印书馆出版的国文教科书第一册的“天、地、日、月、山、水、土、木”以后的那几册，而是七岁时开始自己读的“话说天下大势，分久必合，合久必分……”的《三国演义》。

那时，我的舅父杨子敬先生每天晚饭后必给我们几个表兄妹讲一段《三国演义》，我听得津津有味，什么“宴桃园豪杰三结义，斩黄巾英雄首立功”，真是好听极了。但是他讲了半个钟头，就停下去干他的公事了。我只好带着对于故事下文的无限悬念，在母亲的催促下，含泪上床。

此后，我决定咬了牙，拿起一本《三国演义》来，自己一知半解地读了下去，居然越看越懂，虽然字音都读得不对，比如把“凯”念作“岂”，把“诸”念作“者”之类，因为我只学过那个字一半部分。

谈到《三国演义》，我第一次读到关羽死了，哭了一场，把书丢下了。第二次再读到诸葛亮死了，又哭了一场，又把书丢下了，最后忘了是什么时候才把全书读到“分久必合”的结局。

这时我同时还看了母亲针线笸箩里常放着的那几本《聊斋志异》，聊斋故事是短篇的，可以随时拿起放下，又是文言的，这对于我的 // 作文课很有帮助，因为老师曾在我的作文本上批着“柳州风骨，长吉清才”的句子，其实我那时还没有读过柳宗元和李贺的文章，只因那时的作文，都是用文言写的。

书看多了，从中也得到一个体会，物怕比，人怕比，书也怕比，“不比不知道，一比吓一跳”。

因此，某年的六一国际儿童节，有个儿童刊物要我给儿童写几句指导读书的话，我只写了九个字，就是：

读书好，多读书，读好书。

节选自冰心《忆读书》

读音提示

1. 杨子敬 Yáng Zǐjìng
2. 先生 xiānsheng
3. 津津有味 jīnjīn-yǒuwèi
4. 英雄 yīngxióng
5. 真是 zhēnshi
6. 故事 gùshi
7. 悬念 xuánniàn
8. 催促 cuīcù
9. 诸 zhū
10. 因为 yīn · wèi
11. 哭了一场 kūle yì cháng
12. 笸箩 pǒluo

作品 43 号

作品 43 号

徐霞客是明朝末年的一位奇人。他用双脚，一步一步地走遍了半个中国大陆，游览过许多名山大川，经历过许多奇人异事。他把游历的观察和研究记录下来，写成了《徐霞客游记》这本千古奇书。

当时的读书人，都忙着追求科举功名，抱着“十年寒窗无人问，一举成名天下知”的观念，埋头于经书之中。徐霞客却卓尔不群，醉心于古今史籍及地志、山海图经的收集和研读。他发现此类书籍很少，记述简略且多有相互矛盾之处，于是他立下雄心壮志，要走遍天下，亲自考察。

此后三十多年，他与长风为伍，云雾为伴，行程九万里，历尽千辛万苦，获得了大量第一手考察资料。徐霞客日间攀险峰，涉危涧，晚上就是再疲劳，也一定录下当日见闻。即使荒野露宿，栖身洞穴，也要“燃松拾穗，走笔为记”。

徐霞客的时代，没有火车，没有汽车，没有飞机，他所去的许多地方连道路都没有，加上明朝末年治安不好，盗匪横行，长途旅行是非常艰苦又非常危险的事。

有一次，他和三个同伴到西南地区，沿路考察石灰岩地形和长江源流。走了二十天，一个同伴难耐旅途劳顿，不辞而别。到了衡阳附近又遭遇土匪抢劫，财物尽失，还险 // 些被杀害。好不容易到了南宁，另一个同伴不幸病死，徐霞客忍痛继续西行。到了大理，最后一个同伴也因为吃不了苦，偷偷地走了，还带走了他仅存的行囊。但是，他还是坚持目标，继续他的研究工作，最后找到了答案，推翻历史上的错误，证明长江的源流不是岷江而是金沙江。

节选自《阅读大地的徐霞客》

读音提示

1. 卓尔不群 zhuó’ěr-bùqún
2. 醉心 zuìxīn
3. 雄心壮志 xióngxīn-zhuàngzhì
4. 攀险峰 pān xiǎnfēng
5. 危涧 wēijiàn
6. 当日 dàngrì
7. 即使 jíshǐ
8. 露宿 lùsù
9. 栖身 qīshēn
10. 洞穴 dòngxué
11. 燃松拾穗 rán sōng shí suì
12. 地方 dìfang
13. 横行 héngxíng
14. 难耐 nán nài
15. 附近 fùjìn
16. 抢劫 qiǎngjié

作品 44 号

作品 44 号

造纸术的发明，是中国对世界文明的伟大贡献之一。

早在几千年前，我们的祖先就创造了文字。可那时候还没有纸，要记录一件事情，就用刀把文字刻在龟甲和兽骨上，或者把文字铸刻在青铜器上。后来，人们又把文字写在竹片和木片上。这些竹片、木片用绳子穿起来，就成了一册书。但是，这种书很笨重，阅读、携带、保存都很不方便。古时候用“学富五车”形容一个人学问高，是因为书多的时候需要用车来拉。再后来，有了蚕丝织成的帛，就可以在帛上写字了。帛比竹片、木片轻便，但是价钱太贵，只有少数人能用，不能普及。

人们用蚕茧制作丝绵时发现，盛放蚕茧的篾席上，会留下一层薄片，可用于书写。考古学家发现，在两千多年前的西汉时代，人们已经懂得了用麻来造纸。但麻纸比较粗糙，不便书写。

大约在一千九百年前的东汉时代，有个叫蔡伦的人，吸收了人们长期积累的经验，改进了造纸术。他把树皮、麻头、稻草、破布等原料剪碎或切断，浸在水里捣烂成浆；再把浆捞出来晒干，就成了一种既轻便又好用的纸。用这种方法造的纸，原料容易得到，可以大量制造，价格又便宜，能满足多数人的需要，所 // 以这种造纸方法就传承下来了。

我国的造纸术首先传到邻近的朝鲜半岛和日本，后来又传到阿拉伯世界和欧洲，极大地促进了人类社会的进步和文化的发展，影响了全世界。

节选自《纸的发明》

读音提示

1. 铸刻 zhùkè
2. 绳子 shéngzi
3. 学问 xuéwen
4. 因为 yīn · wèi
5. 蚕丝 cánsī
6. 帛 bó
7. 蚕茧 cánjiǎn
8. 篾席 mièxí
9. 薄片 báopiàn
10. 比较 bǐjiào
11. 粗糙 cūcāo
12. 便宜 piányi

作品 45 号

作品 45 号

中国的第一大岛、台湾省的主岛台湾，位于中国大陆架的东南方，地处东海和南海之间，隔着台湾海峡和大陆相望。天气晴朗的时候，站在福建沿海较高的地方，就可以隐隐约约地望见岛上的高山和云朵。

台湾岛形状狭长，从东到西，最宽处只有一百四十多公里；由南至北，最长的地方约有三百九十多公里。地形像一个纺织用的梭子。

台湾岛上的山脉纵贯南北，中间的中央山脉犹如全岛的脊梁。西部为海拔近四千米的玉山山脉，是中国东部的最高峰。全岛约有三分之一的地方是平地，其余为山地。岛内有缎带般的瀑布，蓝宝石似的湖泊，四季常青的森林和果园，自然景色十分优美。西南部的阿里山和日月潭，台北市郊的大屯山风景区，都是闻名世界的游览胜地。

台湾岛地处热带和温带之间，四面环海，雨水充足，气温受到海洋的调剂，冬暖夏凉，四季如春，这给水稻和果木生长提供了优越的条件。水稻、甘蔗、樟脑是台湾的“三宝”。岛上还盛产鲜果和鱼虾。

台湾岛还是一个闻名世界的“蝴蝶王国”。岛上的蝴蝶共有四百多个品种，其中有不少是世界稀有的珍贵品种。岛上还有不少鸟语花香的蝴 // 蝶谷，岛上居民利用蝴蝶制作的标本和艺术品，远销许多国家。

节选自《中国的宝岛——台湾》

读音提示

1. 地处 dìchǔ
2. 地方 dìfang
3. 隐隐约约 yǐnyǐnyuēyuē
4. 狭长 xiácháng
5. 梭子 suōzi
6. 纵贯 zòngguàn
7. 脊梁 jǐ · liáng
8. 似的 shìde
9. 湖泊 húpō
10. 充足 chōngzú
11. 调剂 tiáojì
12. 冬暖夏凉 dōng nuǎn xià liáng
13. 提供 tígōng
14. 甘蔗 gānzhe

作品 46 号

作品 46 号

对于中国的牛，我有着一种特别尊敬的感情。

留给我印象最深的，要算在田垄上的一次“相遇”。

一群朋友郊游，我领头在狭窄的阡陌上走，怎料迎面来了几头耕牛，狭道容不下人和牛，终有一方要让路。它们还没有走近，我们已经预计斗不过畜牲，恐怕难免踩到田地泥水里，弄得鞋袜又泥又湿了。正踟蹰的时候，带头的一头牛，在离我们不远的地方停下来，抬起头看看，稍迟疑一下，就自动走下田去。一队耕牛，全跟着它离开阡陌，从我们身边经过。

我们都呆了，回过头来，看着深褐色的牛队，在路的尽头消失，忽然觉得自己受了很大的恩惠。

中国的牛，永远沉默地为人做着沉重的工作。在大地上，在晨光或烈日下，它拖着沉重的犁，低头一步又一步，拖出了身后一列又一列松土，好让人们下种。等到满地金黄或农闲时候，它可能还得担当搬运负重的工作；或终日绕着石磨，朝同一方向，走不计程的路。

在它沉默的劳动中，人便得到应得的收成。

那时候，也许，它可以松一肩重担，站在树下，吃几口嫩草。偶尔摇摇尾巴，摆摆耳朵，赶走飞附身上的苍蝇，已经算是它最闲适的生活了。

中国的牛，没有成群奔跑的习 // 惯，永远沉沉实实的，默默地工作，平心静气。这就是中国的牛！

节选自（香港）小思《中国的牛》

读音提示

1. 田垄 tiánlǒng
2. 狭窄 xiázhǎi
3. 阡陌 qiānmò
4. 畜牲 chùsheng
5. 踟蹰 chíchú
6. 深褐色 shēnhèsè
7. 犁 lí
8. 下种 xià zhǒng
9. 担当 dāndāng
10. 收成 shōucheng
11. 摇摇尾巴 yáoyao wěiba
12. 摆摆耳朵 bǎibai ěrduo
13. 飞附 fēifù
14. 苍蝇 cāngying

作品 47 号

作品 47 号

石拱桥的桥洞成弧形，就像虹。古代神话里说，雨后彩虹是“人间天上的桥”，通过彩虹就能上天。我国的诗人爱把拱桥比作虹，说拱桥是“卧虹”“飞虹”，把水上拱桥形容为“长虹卧波”。

我国的石拱桥有悠久的历史。《水经注》里提到的“旅人桥”，大约建成于公元二八二年，可能是有记载的最早的石拱桥了。我国的石拱桥几乎到处都有。这些桥大小不一，形式多样，有许多是惊人的杰作。其中最著名的当推河北省赵县的赵州桥。

赵州桥非常雄伟，全长五十点八二米。桥的设计完全合乎科学原理，施工技术更是巧妙绝伦。全桥只有一个大拱，长达三十七点四米，在当时可算是世界上最长的石拱。桥洞不是普通半圆形，而是像一张弓，因而大拱上面的道路没有陡坡，便于车马上下。大拱的两肩上，各有两个小拱。这个创造性的设计，不但节约了石料，减轻了桥身的重量，而且在河水暴涨的时候，还可以增加桥洞的过水量，减轻洪水对桥身的冲击。同时，拱上加拱，桥身也更美观。大拱由二十八道拱圈拼成，就像这么多同样形状的弓合拢在一起，做成一个弧形的桥洞。每道拱圈都能独立支撑上面的重量，一道坏了，其 // 他各道不致受到影响。全桥结构匀称，和四周景色配合得十分和谐；桥上的石栏石板也雕刻得古朴美观。赵州桥高度的技术水平和不朽的艺术价值，充分显示了我国劳动人民的智慧和力量。

节选自茅以升《中国石拱桥》

读音提示

1. 石拱桥 shígǒngqiáo
2. 弧形 húxíng
3. 长虹卧波 chánghóng-wòbō
4. 悠久 yōujiǔ
5. 旅人桥 Lǚrénqiáo
6. 记载 jìzǎi
7. 陡坡 dǒupō
8. 暴涨 bàozhǎng
9. 拱圈 gǒngquān
10. 合拢 hélǒng

作品 48 号

作品 48 号

不管我的梦想能否成为事实，说出来总是好玩儿的：

春天，我将要住在杭州。二十年前，旧历的二月初，在西湖我看见了嫩柳与菜花，碧浪与翠竹。由我看到的那点儿春光，已经可以断定，杭州的春天必定会教人整天生活在诗与图画之中。所以，春天我的家应当是在杭州。

夏天，我想青城山应当算作最理想的地方。在那里，我虽然只住过十天，可是它的幽静已拴住了我的心灵。在我所看见过的山水中，只有这里没有使我失望。到处都是绿，目之所及，那片淡而光润的绿色都在轻轻地颤动，仿佛要流入空中与心中似的。这个绿色会像音乐，涤清了心中的万虑。

秋天一定要住北平。天堂是什么样子，我不知道，但是从我的生活经验去判断，北平之秋便是天堂。论天气，不冷不热。论吃的，苹果、梨、柿子、枣儿、葡萄，每样都有若干种。论花草，菊花种类之多，花式之奇，可以甲天下。西山有红叶可见，北海可以划船——虽然荷花已残，荷叶可还有一片清香。衣食住行，在北平的秋天，是没有一项不使人满意的。

冬天，我还没有打好主意，成都或者相当地合适，虽然并不怎样和暖，可是为了水仙，素心腊梅，各色的茶花，仿佛就受一点儿寒 // 冷，也颇值得去了。昆明的花也多，而且天气比成都好，可是旧书铺与精美而便宜的小吃远不及成都那么多。好吧，就暂这么规定：冬天不住成都便住昆明吧。

节选自老舍《“住”的梦》

读音提示

1. 嫩柳 nènliǔ
2. 教人 jiào rén
3. 青城山 Qīngchéng Shān
4. 算作 suànzuò
5. 心灵 xīnlíng
6. 光润 guāngrùn
7. 仿佛 fǎngfú
8. 涤清 díqīng
9. 柿子 shìzi
10. 枣儿 zǎor
11. 主意 zhǔyi（zhúyi）
12. 一点儿 yìdiǎnr

作品 49 号

作品 49 号

在北京市东城区著名的天坛公园东侧，有一片占地面积近二十万平方米的建筑区域，大大小小的十余栋训练馆坐落其间。这里就是国家体育总局训练局。许多我们耳熟能详的中国体育明星都曾在这里挥汗如雨，刻苦练习。

中国女排的一天就是在这里开始的。

清晨八点钟，女排队员们早已集合完毕，准备开始一天的训练。主教练郎平坐在场外长椅上，目不转睛地注视着跟随助理教练们做热身运动的队员们，她身边的座位上则横七竖八地堆放着女排姑娘们的各式用品：水、护具、背包，以及各种外行人叫不出名字的东西。不远的墙上悬挂着一面鲜艳的国旗，国旗两侧是“顽强拼搏”和“为国争光”两条红底黄字的横幅，格外醒目。

“走下领奖台，一切从零开始”十一个大字，和国旗遥遥相望，姑娘们训练之余偶尔一瞥就能看到。只要进入这个训练馆，过去的鲜花、掌声与荣耀皆成为历史，所有人都只是最普通的女排队员。曾经的辉煌、骄傲、胜利，在踏入这间场馆的瞬间全部归零。

踢球跑、垫球跑、夹球跑……这些对普通人而言和杂技差不多的项目是女排队员们必须熟练掌握的基本技能。接下来 // 的任务是小比赛。郎平将队员们分为几组，每一组由一名教练监督，最快完成任务的小组会得到一面小红旗。

看着这些年轻的姑娘们在自己的眼前来来去去，郎平的思绪常飘回到三十多年前。那时风华正茂的她是中国女排的主攻手，她和队友们也曾在这间训练馆里夜以继日地并肩备战。三十多年来，这间训练馆从内到外都发生了很大的变化：原本粗糙的地面变成了光滑的地板，训练用的仪器越来越先进，中国女排的团队中甚至还出现了几张陌生的外国面孔……但时光荏苒，不变的是这支队伍对排球的热爱和“顽强拼搏，为国争光”的初心。

节选自宋元明《走下领奖台，一切从零开始》

读音提示

1. 耳熟能详 ěrshú-néngxiáng
2. 挥汗如雨 huīhàn-rúyǔ
3. 目不转睛 mùbùzhuǎnjīng
4. 外行人 wàihángrén
5. 横幅 héngfú
6. 一瞥 yìpiē
7. 瞬间 shùnjiān
8. 夹球 jiā qiú

作品 50 号

作品 50 号

在一次名人访问中，被问及上个世纪最重要的发明是什么时，有人说是电脑，有人说是汽车，等等。但新加坡的一位知名人士却说是冷气机。他解释，如果没有冷气，热带地区如东南亚国家，就不可能有很高的生产力，就不可能达到今天的生活水准。他的回答实事求是，有理有据。

看了上述报道，我突发奇想：为什么没有记者问："二十世纪最糟糕的发明是什么？"其实二〇〇二年十月中旬，英国的一家报纸就评出了"人类最糟糕的发明"。获此"殊荣"的，就是人们每天大量使用的塑料袋。

诞生于上个世纪三十年代的塑料袋，其家族包括用塑料制成的快餐饭盒、包装纸、餐用杯盘、饮料瓶、酸奶杯、雪糕杯等。这些废弃物形成的垃圾，数量多、体积大、重量轻、不降解，给治理工作带来很多技术难题和社会问题。

比如，散落在田间、路边及草丛中的塑料餐盒，一旦被牲畜吞食，就会危及健康甚至导致死亡。填埋废弃塑料袋、塑料餐盒的土地，不能生长庄稼和树木，造成土地板结，而焚烧处理这些塑料垃圾，则会释放出多种化学有毒气体，其中一种称为二噁英的化合物，毒性极大。

此外，在生产塑料袋、塑料餐盒的过 // 程中使用的氟利昂，对人体免疫系统和生态环境造成的破坏也极为严重。

节选自林光如《最糟糕的发明》

读音提示

1. 东南亚 Dōngnán Yà
2. 塑料袋 sùliàodài
3. 饭盒 fànhé
4. 散落 sànluò
5. 牲畜 shēngchù
6. 庄稼 zhuāngjia
7. 焚烧 fénshāo
8. 处理 chǔlǐ
9. 二噁英 èr'èyīng
10. 化合物 huàhéwù

第九章

命题说话

一、什么是命题说话

普通话水平测试第四项“命题说话”分值高、难度大，应试人失分也最多。本章主要分析应试人在“命题说话”项存在的问题，并结合本书作者多年的教学实践和经验，从语音、词汇、语法、话题内容、心理素质等方面提出相应的对策，以期提高应试人的测试成绩。

命题说话的测试目的是测查应试人在无文字凭借的情况下说普通话的水平，重点测查语音标准程度，词汇、语法规范程度和自然流畅程度。话题从“普通话水平测试用话题”中选取，应试人从给定的两个话题中选定一个话题，连续说一段话。

二、命题说话的重要性

普通话水平测试完全采用口试方式进行，满分 100 分。试卷由四个部分组成，分别为：第一题，读单音节字词（100 个音节），限时 3.5 分钟，共 10 分；第二题，读多音节词语（100 个音节），限时 2.5 分钟，共 20 分；第三题，朗读短文（1 篇，400 个音节），限时 4 分钟，共 30 分；第四题，命题说话，限时 3 分钟，共 40 分。

从试卷题型就可以看出前三题均有文字凭借，主要是认与读的过程，不需要应试人有太多的思考，相对来说，考试前好准备，考试时易把握。第四题“命题说话”与前三题不同，这一题完全没有文字凭借，需要应试人在极短的准备时间内在头脑中快速设计出说话提纲，并进行发散思维，选出在日常生活中积累的与话题内容相关的语言素材，迅速进行组织与构建。在进行口语表达时，既要注意语音要标准，词汇、语法要规范，又要注意表达的流畅性与连贯性。所以说，“命题说话”是对应试人语言能力、思维水平、心理素质的综合测试，也是普通话水平测试的重中之重。

三、命题说话的要求

命题说话要求应试人语音标准，包括发音时声母、韵母、声调要正确，遇到变调、儿化、轻声等特殊情况处理要恰当，表达时的语气语调要自然，简单来说就是说的应该是字正腔圆的普通话。在词汇和语法方面要求应试人使用正确的、规范的词语及语法，不使用网络用语、生造词、方言词、方言句式等不规范词语及语法。

由于是口语测试，因此还要求应试人尽量使用口语表达方式，少出现或尽量不出现书面语的表达形式：既不要求应试人像写作文一样能结构严谨、旁征博引，也不要求应试人说话时像演讲一样滔滔不绝、慷慨激昂，只要能紧扣主题、表达流畅，说满 3 分钟即可。

总之，普通话水平测试中命题说话部分对应试人的基本要求就是语音标准、词句规范，采用口语表达方式在 3 分钟的时间里围绕所抽取的话题流畅地说一段话。

四、命题说话测试中容易出现的问题

根据测试实践发现应试人在命题说话测试中容易出现下列问题。

（一）语音、语调不标准

在普通话水平测试的前三部分，应试人有文字凭借，可以提前准备，因而不会那么紧张，在读字、词及文章时也会刻意自我纠正，但到了命题说话部分没有了文字凭借，应试人的紧张程度大大增加，也使得这一部分的语音、语调问题明显增多。

究其原因，一方面是因为应试人自身语音面貌不过关，方言区应试人易受所在地区方言的影响，而对于少数民族应试人来说，更多的是受其本族语言的影响，再加上平时在学习中不重视语音、语调的训练，或是训练得不够扎实有效，这些都会导致应试人自身语音面貌存在问题。

另一方面，命题说话考试时应试人的注意力多集中在话题内容的表述上——既要快速组织语言，又要言之有物、表述流畅，应试人压力很大——这些在无形中就会削弱应试人对其语音、语调的关注度，从而在语音方面失分增加。

（二）词汇、语法不规范

在命题说话这一测试项词汇、语法部分存在的问题主要表现在使用方言词、方言句式、网络用语、不文明用语等用词用语不规范的情况。例如：对于话题“尊敬的人”，有应试人说：“我老爸会烧许多菜，好吃的唻！”这种上海方言中的典型语法结构其实是病句。又如“这是什么东东”“今天我巨难受”“好嗨呦”这些都是应试人口语表述时常用的网络用语，在命题说话考试中要避免使用。一些严禁使用的不文明用语偶尔也会出现在一些应试人的说话内容中。“性格内向的我喜欢上唱歌是偶然碰到了一件事情的影响”“我喜欢的季节有很多，主要就是春、夏、秋、冬”——由于紧张或者语法掌握得不好，这些用词用句的错误在命题说话考试中屡见不鲜。以上所述这些词汇、语法使用不规范的问题都会影响到应试人命题说话项的成绩。

（三）语言表达不流畅

有些应试人考试前准备不充分，完全依靠即兴发挥，或者虽然准备充分但考试时高度紧张，无法进入一个放松的状态，导致在命题说话考试时或是支支吾吾、断断续续，或是东拉西扯、想啥说啥，或是词不达意、文不对题，或是表述内容没有条理、支离破碎。

（四）说话方式不正确

有些应试人没有搞清楚命题说话的性质，把它当成了对话、朗读甚至是演讲，自己激情澎湃、抑扬顿挫，却忘记了命题说话测试的本质就是“说话”，太用力只会适得其反。命题说话要求用平实朴素的话语、口语化的表述方式、亲切自然的语调围绕话题主旨将内容表述清楚，娓娓道来才是真谛。

（五）语速把握不合理

命题说话测试时，有的应试人有话可说时语速过快，无话可说时语速过慢，语速太快会导致发音问题增多，而语速过慢会影响表达的流畅度，所以这两者都是不可取的。

（六）心理素质不过硬

命题说话考的不光是说话人的普通话口语表达能力，也考量说话人的心理素质。高度紧张、思想负担重就会使应试人情绪波动，直接影响到口语表达。有些应试人在测试时说着说着就不知所云，大脑完全空白，越紧张越想不出来自己要说什么，时间白白浪费过去，严重影响命题说话项的成绩。

（七）缺时

命题说话考试要求应试人说满 3 分钟，有些应试人觉得自己已经说完了，就提前结束了说话，或者由于各种原因在说话时有长时间的停顿，这些停顿都会累计起来计算时长并酌情扣分，而如果说话时间少于等于 30 秒，成绩直接记计为零分。

（八）离题、背稿

有些应试人不了解普通话水平测试的考试规则，还有些应试人完全无视考试规则，对于所选话题说不下去的时候，会自以为聪明地说一些与话题完全无关的内容，这会被视为离题。还有相当一部分应试人在考前会从网上下载文段或者从书上抄下文稿，将其背下来，在考试时直接背诵。如果说话内容与网络资源或其他出处的内容高度重合，或者应试人是以背诵的腔调进行表述，则会被视为背稿。但由于背稿所扣分值低于词汇、语法不规范所扣的分值，所以背稿现象在应试中很常见。

（九）无效话语

为了凑够 3 分钟，有些应试人会不断重复所说内容，或者读准考证上的注意事项，或者说外语、唱歌、讲笑话，或者大量列举人名、地名、书名等，这些均被视为无效话语。命题说话考试时会提供两个话题，应试人任意选取其中的一个作为说话主题，有的应试人会对两个话题都进行表述，那么，第一个说话时间超过 30 秒的话题会被视为测试的有效话题，另一个自动被视为无效话题。

五、提高命题说话测试成绩的技巧

针对以上问题，笔者根据多年的教学经验，提出以下备考对策，以期提高应试人的命题说话测试成绩。

（一）强化语音训练，提高语音标准程度

普通话水平测试关注的重点是语音的标准程度。在命题说话测试中，应试人不仅要考虑说话的内容，更要注意语音的标准程度。因此，应试人要想提高命题说话测试的成绩，改善语音面貌是基础。

1. 重视语音理论知识的学习。改善语音面貌，要先打牢语音理论基础，掌握科学的发

声方法。

2. 注重实践训练 。掌握理论知识固然重要，但更重要的是将这些理论知识运用到实践当中，应试人要通过大量的声韵调、单音节字词、多音节词语及短文朗读训练，在一遍遍地听与读、模仿与纠正中不断提高语音标准程度。

3. 点面结合，因材施教。应试人的语音面貌各不相同，要根据自身语音缺陷有侧重地练习。比如对于前后鼻音不分的应试人和舌尖前后音不分的应试人应采用不同的备考策略。

4. 坚持朗读和背诵。朗读和背诵是培养应试人语音能力、提高应试人语感的有效手段，也有助于应试人进行语言知识的积累，可以说是一举两得 。当然，这里的“读”，一定是有要求的读，是发音标准、刻意纠正自己语音问题的“读”。这里的“背”，一定是有选择的“背”，“背”的是美文，是好词佳句。只要能长期坚持，应试人一定可以做到发音标准、语调自然。

5. 善用新媒体。应试人一定要勤于思考并善于利用各种学习工具。如何使语音学习更生动有趣，如何使应试人的语音训练变被动为主动，如何将有限的课堂训练时间无限延伸，这些问题都可以借助新媒体去解决。

（二）重视词汇、语法教学，提高词汇、语法规范程度

很多应试人都把命题说话的重点放在语音和话题内容上，忽视了词汇和语法的规范，但在命题说话的 40 分中词汇、语法的规范程度就占了 10 分，所以应试人一定要重视说话时词汇和语法的规范问题。

1. 多用口语词。命题说话测试的是应试人的口语表达能力，所以要尽可能使用口语词，少用或不用书面语，这样在表述时语气才会自然而亲切。比如：“我的朋友侠肝义胆”不如说成“我的朋友特别讲义气”。“妈妈年轻时面若桃花，眉眼如黛”不如直接说成“妈妈年轻时长得很漂亮”。

2. 用词用语要规范。有些应试人在说话时会不自觉间夹带一些方言用语，不符合“说话”词汇、语法规范的要求。应试者对新鲜事物接受速度快，并且喜欢赶时髦，在命题说话中有时会使用网络用语，但这些网络用语受众面窄，并未广泛应用，就算有些网络用语已经被大众接受，也不是规范的现代汉语词汇，不可用在命题说话中。因此，在平时的学习及训练中要剔除这些不规范用语，避免不必要的失分。

（三）做好话题内容准备

在命题说话测试中出现的语言表达不流畅、缺时、离题、背稿、无效话语这些问题追根溯源都是话题内容准备不到位造成的，应试人要做好话题内容的准备工作。

1. 积累素材。应试人在给出的两个话题中任选一个进行口语表述，主题具有很大的不确定性与随意性，一些应试人认为不用准备此项，考试时即兴发挥即可，这种想法完全不可取。巧妇难为无米之炊，如果没有平时素材的积累，考试时很可能就会出现说着说着就无话可说的情况，再加上考试时应试人会有些紧张，如果完全没有准备，心里就更慌乱了，这样会严重影响测试成绩。所以，应试人要养成积累素材的习惯，把可以用在命题说话那50个话题中的语言素材记录下来，只要有了足够的素材，就再也不用担心无话可说了。有些应试人觉得自己的素材太过简单平淡，总想依赖从网上下载的材料，但其实每个人的生活都是灵动、鲜活的，只要善于发现、挖掘、归纳与总结，自己的素材都可以用在相对应的话题中，而且亲身经历的事件中有自己珍贵的情感与体验，是不可复制的，也不用担心轻易被遗忘。

2. 题目归类。普通话水平测试命题说话部分一共有50个话题，如果从体裁划分，可以分为：（1）叙述类，如“我的一天”“假日生活”“我的理想（或愿望）”“尊敬的人”“童年生活”“难忘的旅行”“朋友”等；（2）说明类，如“我的兴趣爱好”“我喜爱的季节（或天气）”“我喜爱的植物”“我喜爱的动物”“我喜爱的职业（或专业）”“我喜爱的艺术形式”等；（3）议论类，如“谈服饰”“谈谈卫生与健康”“对环境保护的认识”“谈社会公德（或职业道德）”“谈中国传统文化”“谈个人修养”“谈传统美德”等。将话题合并分类有助于减轻应试人的备考压力，因为讲述同一类话题可以采取相同的思路。比如：议论类的话题都需要提出论点，运用一定的论证方法用论据来佐证。以“谈谈卫生与健康”这个话题为例，可以首先提出论点“是否讲卫生与人的身体健康有着密切的关系”，然后用论据进行论证：讲卫生保证了身体健康的例子、不讲卫生影响了身体健康的例子，最后进行总结“为了健康，我们应该养成良好的卫生习惯”。

3. 一“材”多用。这里的“材”，指的是积累的素材。有时同样的一个素材可以用到多个话题之中。比如：“和家人一起出游”的素材可以用在“假日生活”“我的理想（或愿望）”“难忘的旅行”“向往的地方”等话题中。“自己喜欢读的一本书”的素材可以用在“我的业余生活”“我喜爱的艺术形式”“假日生活”“印象深刻的书籍（或报刊）”等话题中。“第一次游泳”的素材可以用在“童年生活”“体育运动的乐趣”等话题中。“一位老师深深地影响了我”的素材可以用在“老师”“尊敬的人”“我喜爱的职业（或专业）”等话题中。还有很多可以涵盖多个话题的共用素材，只要过渡、衔接得当，就可以做到一“材”多用。

4. 拟定提纲 。应试人可以根据不同的分类为命题说话的 50 个话题提前拟定提纲，每一个话题从开头到展开到结尾都应该有一个大概的思路，开头要言简意赅，展开要注重细节，结尾要回应主题。有了这个提纲之后，就不至于在说话时要么没有思路无话可说，要么天马行空离题太远。但是需要强调的是，列提纲不意味着提前写好说话的全部内容并进行背诵，如果在测试时突然紧张忘记了提纲也没有关系，可以迅速回忆其他话题的提纲和积累的类似的素材，快速进行替代和重组。

5. 内容发散。在命题说话训练时要注重发挥想象力，培养发散思维，不要看到某一类话题就用千篇一律的说法，要敢于联想与创新。比如“谈服饰”这个话题，关于服饰我们可以展开很多内容：男人的 、女人的，老人的、年轻人的，中国人的、外国人的，过去的、现在的，汉族的 、少数民族的，休闲的、正式的，农村的、城市的，现实生活中的、电影电视上的，普通人的、明星的，喜欢的、不喜欢的……。只要将思维拓展开来，我们说话的内容会有无数种组合。

6. 结合事例。不管是叙述类、说明类还是议论类的话题，不管是说人还是说事、说物的话题，展开时都需要有具体的事例进行支撑。大家都喜欢叙述类的话题，是因为可以举例，好发挥，但其实说明类和议论类的话题稍加改动也能举例展开。以“谈谈社会公德（或职业道德）”这个话题为例，可以先说几句议论的话，然后转为举例说明：“我们要做一个有公德心、乐于助人的人，我身边就有很多这样的人。比如，我的父亲就非常喜欢帮助别人，有一次他……还有一次他……。”如果事例太单薄，还可以在细节上下功夫。比如对“我喜爱的艺术形式”这个话题，可以先简单介绍文学作品的作者，再说自己怎样接触到这部文学作品的，读了多长时间，什么时候读的，读的时候什么心情，读完有什么感受，对自己有什么影响，等等。具体的事例和细节，使得内容更有说服力，同时还大大降低了说话的难度，3 分钟也变得不再漫长。

7. 结构宽松。命题说话虽然要求应试人说满 3 分钟，但对于所说内容的结构并没有提出严格的要求，所以说话时应试人只要围绕话题主旨，说得连贯流畅即可，说话内容的结构可以是不完整的，也可以是有头无尾、虎头蛇尾，更不用刻意追求言辞优美。

8. 模拟训练。应试人可通过模拟测试的方式进行训练，在 50 个测试的话题内任意抽选一个话题，按照考试要求进行模拟测试，并全程录音。如果有条件的话，还可以在考前进行机测模拟，以便熟悉考试环境、考试流程和操作步骤，避免考试时由于陌生感带来的紧张和慌乱。

（四）树立自信，加强心理素质

命题说话测试需要应试人具有良好的心理素质，这种良好的心理素质是建立在充分准备的基础上的。这个准备既包括知识技能，也包括良性的心理暗示，这就要求应试人在平时要争取更多“说话”的机会，多参加朗读、演讲、辩论这样的活动——多说多练必然能使应试人的心理素质得到提高和强化。应试人也可针对考试进行专项训练，根据自身水平机动调整训练内容和难度，循序渐进，以便找到学习普通话的快乐与成就感，逐步树立能顺利通过测试的信心。考前多做几个深呼吸有助于缓解紧张情绪，考试时以一种放松的心态，把计算机想象成是自己的好朋友，在他面前可以敞开心扉，打开自己的记忆宝库，充满真情实意，表达自己的观点。

（五）把握好时间，控制好语速

日常训练及备考时，应试人要不断提醒自己命题说话测试一定要说满 3 分钟，超时不扣分，而缺时会扣分。如果准备的内容已经说完而时间还没有用完，千万不能就此结束，可以对之前的说话内容进行延伸拓展。比如：“以上是我想说的第一件事，下面我想说说另一件事 。这件事虽然过去很久了，但我依然会时常想起。事情是这样的……。”这种承上启下的套语不显得突兀，还在关键时刻为自己赢得了一点思考和准备的时间。

说话时一定要保证语速适中。正常语速是每分钟 240 个音节左右，过快或者过慢都会影响表达的效果。为了说得流畅，应试人要情绪平和，把握好节奏，控制好语速。

总之，虽然命题说话测试难度大，但只要我们认真分析命题说话测试时存在的问题，对症施策，有的放矢地进行练习，掌握应试的方法和技巧，坚持训练，就一定能在测试中取得满意的成绩。

第十章

命题说话非语音问题应试技巧

一、运用“5W1H”法，轻松化解无话可说的难题

新闻学的“5W1H”，是指新闻报道中包含的六个基本要素，就是新闻的主要构成因素和单元。这个概念在19世纪80年代由西方新闻界首先提出，包括：

何时（When）：事件发生的时间。

何地（Where）：事件发生的地点。

何人（Who）：涉及的人物。

何事（What）：事件的主要内容。

何因（Why）：事件发生的原因。

何果（How）：事件的发展过程和结果。

When、Where、Who、What、Why、How简写为“5W1H”。

作为一种以叙事为主的文体，新闻的基本要素和记叙文的六要素是一致的。这六要素是：时间、地点、人物、事件、原因、发生过程及结果。

如果把这些要素简单地串起来，就是一句话：什么时候，在什么地方，什么人，因为什么，发生了什么事，过程如何，结果是什么。如果把各要素展开，就是个完整篇章。

◎ **例1:**

1889年3月30日，美联社记者约翰·唐宁从一艘澳大利亚轮船上发回了一条消息，

其第一段就是五个 W 俱全的导语：

南太平洋沿岸有史以来最猛烈、破坏性最强的风暴，于 3 月 16 日、17 日横扫萨摩亚群岛。结果有 6 艘战舰和 10 艘其他船只要么被掀到港口附近的珊瑚礁上摔得粉碎，要么被吹到海滩上搁浅。与此同时，美国、德国的 142 名海军官兵全部葬身海底。

在这个导语里，包含如下要素：

When（何时）——3 月 16 日、17 日。

Where（何地）—— 萨摩亚群岛。

Who（何人）—— 战舰，其他船只，美国和德国的官兵。

What（何事）—— 风暴横扫萨摩亚群岛，人船遭损失，故为有史以来最猛烈、破坏性最强的风暴。

How（过程和结果）—— 有 6 艘战舰和 10 艘其他船只要么被掀到港口附近的珊瑚礁上摔得粉碎，要么被吹到海滩上搁浅。美国、德国的 142 名海军官兵全部葬身海底。

将部分要素展开，即是一篇完整的新闻稿。

◎ **例 2：**

我国优秀跳高运动员朱建华今天下午在上海虹口体育场举行的第五届全运会田径决赛中，跳过 2.38 米，打破了由他本人保持的 2.37 米世界男子跳高纪录。

在这个导语里，包含如下要素：

Who（何人）—— 我国优秀跳高运动员朱建华。

When（何时）—— 今天下午。

Where（何地）—— 上海虹口体育场。

What（何事）—— 在上海虹口体育场举行的第五届全运会田径决赛中，跳过 2.38 米。

How（过程和结果）—— 打破由他本人保持的 2.37 米世界男子跳高纪录。

◎ **例 3：**

当地时间 8 月 3 日，在巴黎奥运会网球女子单打决赛中，中国选手郑钦文 2∶0 战胜克罗地亚选手维基奇，获得冠军，为中国赢得首枚奥运网球单打金牌。同时，她也是第一位站上该项目奥运会最高领奖台的亚洲运动员。

在这个导语里，包含如下要素：

When（何时）—— 当地时间 8 月 3 日。

Where（何地）—— 巴黎奥运会赛场。

Who（何人）—— 中国选手郑钦文。

What（何事）—— 巴黎奥运会网球女子单打决赛。

How（过程和结果）—— 郑钦文 2∶0 战胜克罗地亚选手维基奇，获得冠军，为中国赢得首枚奥运网球单打金牌。

新闻要求简洁、凝练，用最少的文字表达最充分的信息，不能流水账似地报道所有的新闻要素，而应强调那些“含金量”最大的内容——由此造成了著名的“倒金字塔式结构”：最重要的信息放在开头介绍，后边的内容按照重要性依次递减的顺序排列。

但是，在命题说话时，应试人不必拘泥于“5W1H”的特定顺序，可以根据实际情况灵活把握结构，组合材料，丰富说话内容。

二、“5W1H”法在命题说话项中的灵活运用

以话题“假日生活”为例：

Who（何人）—— 我（第一人称叙事、讲故事）。

Why（何因）—— 工作的性质，个人兴趣爱好，假日的多少（据实说）。

When（何时）—— 假日（周末，寒暑假，“五一”、“十一”、春节，春、夏、秋、冬等）。

Where（何地）—— 假日去玩的地方。

What（何事）—— 假日经历的事。

How（过程和结果）——假日生活很开心，度过了愉快（或其他自身感受）的假日生活。

把上述各要素展开，即是下面的话题内容。

注：以下文字是根据应试人命题说话考试录音整理（一甲水平），而非考前写好的稿子。切勿背稿子！

示例：假日生活

示范音频

由于工作的原因，假日对于我来说，比那些朝九晚五的上班族要多得多。因而，我的假日生活的安排也就可以更为从容。按季节来说的话，一般春天我会比较多地安排一些旅游的时间。俗话说，一年之计在于春。春天是一年中最好的季节，但是往往春天到来的时候，中国北方还处于春寒料峭之中，而中国的南方则

是繁花似锦，暖风熏得游人醉了。所以，在这个季节，到中国南方的一些地方去走一走，看一看，感受春意如酒，无边春色，实在是一件赏心悦目的事情。所以每到这个季节，我总是喜欢去南方的一些小城市旅游，在那里小住几天，走一走，逛一逛，尝一尝地方的美食，体验一下地方的民俗风情，为这个漫长的冬天而积累下来的单调臃肿的心情放一个假。

紧随着春天而来的是夏天。没有比炎热的夏天在海边吹着海风，吃着海鲜更惬意的事情了。所以每到夏天，我会选择去海边度假。夏天的海充满了魅力，夏天的海滩是无数人向往的地方。光着脚丫走在松软的沙滩上，耳边听着声声海浪，海鸥在海上飞来飞去，蔚蓝的天空，碧蓝的海，惬意的游人，凉爽而舒适。

秋天是北京一年四季中最迷人、最有魅力的季节。在秋天，我会选择在假日去爬山。北京的香山是著名的红叶之山，秋天爬香山几乎成了大家约定俗成的一件事情了。边爬山边欣赏着满山的红叶。阳光在红叶上投射出迷人的光斑，让人觉得时光就像水一样，在心里激起动人的涟漪。另外，秋天是收获的季节。在秋天有假期的时候，我会选择回到家乡，回到那个从小一直生活成长的地方，再感受一下收获的喜悦以及农作物的清香，仿佛又回到了遥远的童年时代，心中充满欢喜。

北京的冬天很舒服，因为北京有暖气，所以在冬天的时候，我一般假期都会窝在家里看一看自己喜欢的电影、书籍，欣赏音乐，或者是自己动手做一些美食。总而言之，冬天是一个适合宅在家里享受的季节。当然，这里还有一个问题，那就是你还要提防会发胖。

好了，这就是我的假日生活，也希望大家都有一个美好的假日。

三、“四化”表达法，快速提升命题说话项成绩

（一）口语化

应试人首先要树立正确的认识，命题说话不是命题作文，也不是测试口才。因此，简单的口语表达即可。

词汇：最好采用口语词汇。例如，书面语称呼“父亲”“母亲”“祖父”“祖母”，口语中一般称呼“爸爸”“妈妈”“爷爷”“奶奶”。

句式：多用短句、简单句。命题说话作为文学语言的口语形式，具有谈话体的特点，应避免繁杂句式的使用。

语篇：口语语体中，应试人在说话过程中宜采用“直线型”“流水账”的策略，比如，

在说到“我的一天”这一话题时，应试人可以从早晨起床说到晚上睡觉，进行流水账式的叙述。说到“我的学习生活”这一话题时，应试人可以从小学一直说到大学。再如，说到“我喜爱的季节”时，应试人可从春季说到冬季。以此类推，触类旁通。

（二）生活化

普通话水平测试用的 50 个话题，大体可以分作叙述描写类、介绍说明类、议论评说类三类。这 50 个话题涵盖内容广，但都很生活化，一个说话材料可以出现在多个话题中，即很多话题可以使用同一个材料。一般来说，叙述类的话题表达起来相对简单一些，议论类的话题难一些，应试人可以将议论类话题巧妙地转换成叙述类，以降低难度。

谈个人修养、谈社会公德（职业道德）、谈对环境保护的认识、谈卫生与健康等话题，就可以像讲故事一样，用叙述的方式说出来。“谈个人修养”这一话题，应试人可以先发几句议论然后转换成叙述：“个人修养对一个人来说十分重要。具有良好的修养的人，才会被人们尊重。我有个朋友，他的个人修养就很高。”接着套用“5W1H”法进行叙述、讲故事，结尾总结：“个人修养十分重要，呼吁大家从自身做起，做一个有修养的人，共同营造和谐社会。”

（三）公式化

无论是说人、说事，还是说景、说物，或者议论评说的话题，都可以采用“5W1H”法，先列一个提纲（“5W1H”），再围绕提纲，打一个腹稿。用提纲加腹稿的方式组合材料，既可以丰富说话内容，增强说话流畅度，又可以有效避免逻辑混乱、没有头绪、东一榔头西一棒子导致思维混乱，无法把话题说下去的问题。

（四）故事化

在命题说话时，应试人要使用第一人称讲述，这样便于直接表达内容；说自己生活中的事思路会更清晰，表达更流畅。例如，“我的一天”“假日生活”“过去的一年”“童年生活”“难忘的旅行”等话题，可以按时间的先后顺序，流水账式地说自己亲历的事。

1. 叙述描写类，如“我的一天”“老师”“假日生活”“我的理想（或愿望）”“尊敬的人”“童年生活”“朋友”“难忘的旅行”等。

2. 介绍说明类，如“珍贵的礼物”“我喜爱的植物”“我的理想（或愿望）”“我的兴趣爱好”“我喜爱的季节（或天气）”“印象深刻的书籍（或报刊）”“我喜欢的美食”“我所在的学校（或公司、团队、其他机构）”“我喜爱的动物”“我了解的地域文化（或风俗）”“我喜欢的节日”“我喜爱的职业（或专业）”“我喜爱的艺术形式”“我了解的十二生肖”等。

3. 议论评说类，如“家庭对个人成长的影响”“生活中的诚信”“谈服饰”“自律与我”“对终身学习的看法”“谈谈卫生与健康”“对环境保护的认识”“谈社会公德（或职业道德）”“对团队精神的理解”“谈中国传统文化”“谈个人修养”“对幸福的理解”“谈传统美德”等。

综上所述，命题说话项测查考生在无文字凭借的情况下说普通话的水平，重点测查语音标准程度、词汇语法规范程度和自然流畅程度，该项满分 40 分。

系统从“普通话水平测试用话题 50 例”中随机抽 2 个话题供考生选择。考生用鼠标点选自己要说的话题，系统会给 30 秒的准备时间。准备时间结束，考生须围绕选定的话题，独自连续说满 3 钟。测试的话题是为考生提供一个说话的内容范围，引导考生由此展开延伸。话题的设计紧紧围绕日常生活，可展开讨论的方向很多。客观来看，只要态度端正，稍加准备，打好提纲，多讲自己的观点、看法、经历和身边的事物，3 分钟的时间并没有想象中那么久。

在实际测试中，虽然有考生说不满 3 分钟的情况，但更常见的情况是考生刚讲了开头，还没说到精彩处，考试已经结束了。所以，考生一定要提前准备，设计好自己的话题结构，开头、展开、收尾，在 3 分钟的时间内说一段完整的话。

四、普通话水平测试用话题

说明：本材料共有话题 50 例，供普通话水平测试第五项——命题说话测试使用。本材料仅是对话题范围的规定，并未展开话题的具体内容。

1. 我的一天

2. 老师

3. 珍贵的礼物

4. 假日生活

5. 我喜爱的植物

6. 我的理想（或愿望）

7. 过去的一年

8. 朋友

9. 童年生活

10. 我的兴趣爱好

11. 家乡（或熟悉的地方）
12. 我喜欢的季节（或天气）
13. 印象深刻的书籍（或报刊）
14. 难忘的旅行
15. 我喜欢的美食
16. 我所在的学校（或公司、团队、其他机构）
17. 尊敬的人
18. 我喜爱的动物
19. 我了解的地域文化（或风俗）
20. 体育运动的乐趣
21. 让我快乐的事情
22. 我喜欢的节日
23. 我欣赏的历史人物
24. 劳动的体会
25. 我喜欢的职业（或专业）
26. 向往的地方
27. 让我感动的事情
28. 我喜爱的艺术形式
29. 我了解的十二生肖
30. 学习普通话（或其他语言）的体会
31. 家庭对个人成长的影响
32. 生活中的诚信
33. 谈服饰
34. 自律与我
35. 对终身学习的看法
36. 谈谈卫生与健康
37. 对环境保护的认识
38. 谈社会公德（或职业道德）
39. 对团队精神的理解
40. 谈中国传统文化

41. 科技发展与社会生活

42. 谈个人修养

43. 对幸福的理解

44. 如何保持良好的心态

45. 对垃圾分类的认识

46. 网络时代的生活

47. 对美的看法

48. 谈传统美德

49. 对亲情（或友情、爱情）的理解

50. 小家、大家与国家

第十一章

国家普通话水平测试样卷 30 套

1 号样卷

一、读单音节字词（100 个音节，共 10 分，限时 3.5 分钟）

床　根　直　云　娘　德　蹿　拽　抹　队
觉　应　填　门　朵　每　落　夫　太　亩
若　丝　标　收　好　丢　中　躺　瓶　瓮
花　扔　从　春　秦　理　奏　铝　凡　观
奴　越　劝　屯　价　非　讲　薄　啐　小
腿　史　乘　夏　二　切　瓦　顶　块　熊
满　渍　空　塞　即　磷　乎　水　辨　旗
感　咧　折　超　筐　刚　单　求　嗤　幸
崽　揪　斋　冯　续　航　哑　损　滨　穷
篇　脓　筏　瞥　篆　选　广　赠　爪　量

二、读多音节词语（100 个音节，共 20 分，限时 2.5 分钟）

裁军　怎么　相似　认定　跳高儿　乡下　和谐
安定　衰败　投标　错综复杂　半空　尖端　耗费

去年	绷带	马褂	哲学	自称	富翁	卓越
撒谎	炯炯	体操	吞没	短缺	丰富	假日
劝慰	门口儿	豪华	祈求	引水	共产党	侄女
清静	广场	水土	生产力	衰弱	墨汁儿	临终
偏旁	开春儿	鬼脸	子女	专长	识别	

三、朗读短文（400 个音节，共 30 分，限时 4 分钟）

作品 1 号

四、命题说话（请在下列话题中任选一个，共 40 分，限时 3 分钟）

1. 假日生活

2. 我喜爱的职业

2号样卷

一、读单音节字词（100个音节，共10分，限时3.5分钟）

纺	云	缕	偏	夏	犊	嫩	扯	渠	愁
逆	塘	播	频	姓	蹄	篾	匹	窜	伟
雄	尺	摘	祥	鳖	穷	字	德	务	准
院	嗓	卦	决	贩	水	褐	往	氨	磁
柬	川	劝	仰	修	驼	坑	脑	牧	蕊
均	晒	表	僧	料	双	嘴	坤	耳	至
刷	尘	滚	摸	授	捣	辣	听	纵	龙
越	藕	层	踹	居	碗	鸭	谜	窟	婶
牛	张	很	熔	擦	柔	窝	兰	错	黑
噙	消	内	损	辈	枫	拐	鞭	瞧	责

二、读多音节词语（100个音节，共20分，限时2.5分钟）

大多	恰好	基本功	倒挂	宣传	唱歌儿	扭曲
门槛儿	雄伟	亏损	佛寺	眼前	群众	觉得
男女	上层	才能	增长	弹簧	月亮	划分
抽空儿	坏人	修改	养活	然而	钢铁	面临
博爱	小瓮儿	配合	村庄	手法	咖啡	理解
外科	平行	靠不住	标准	募捐	专家	麦子
时日	裸体	东欧	岁数	频率	风起云涌	

三、朗读短文（400个音节，共30分，限时4分钟）

作品11号

四、命题说话（请在下列话题中任选一个，共40分，限时3分钟）

1. 我的兴趣爱好

2. 谈个人修养

3 号样卷

一、读单音节字词（100 个音节，共 10 分，限时 3.5 分钟）

一	腔	拟	耗	软	捻	朽	让	线	壶
抓	词	免	波	很	蹿	窘	川	簇	损
墩	唱	遵	略	州	逃	组	仍	滤	末
北	应	抖	瓮	锥	用	奎	糟	艘	蟹
云	登	块	柑	伐	缺	愁	诚	庵	仿
牙	栋	坪	拐	僻	额	貂	死	源	剑
活	犬	梭	氦	苯	驱	咧	礁	世	铃
征	坟	闭	抬	民	推	陪	宰	鹿	牛
戒	凝	二	寡	怯	闻	享	茬	下	米
勺	黑	效	筐	皖	畔	肿	天	者	军

二、读多音节词语（100 个音节，共 20 分，限时 2.5 分钟）

通讯	上下	难怪	从小	感慨	必须	权力
黄昏	佛像	维持	清楚	拥有	科学家	人影儿
妇女	窘迫	门洞儿	脸盘儿	笼子	金丝猴	调和
虐待	场所	分配	崩溃	挨个儿	硫酸	榨取
操作	周年	悄声	逃窜	钢铁	仍然	因而
打倒	别扭	眉头	疲倦	抓获	补丁	帮忙
另外	将军	一直	木偶	双亲	千瓦	遵照

三、朗读短文（400 个音节，共 30 分，限时 4 分钟）

作品 9 号

四、命题说话（请在下列话题中任选一个，共 40 分，限时 3 分钟）

1. 家乡（或熟悉的地方）

2. 谈传统美德

4号样卷

一、读单音节字词（100个音节，共10分，限时3.5分钟）

雄	扯	瘸	板	劳	扔	桦	眸	起	曰
而	蹭	牌	跳	选	航	纱	犁	毁	持
汪	署	穷	粗	甩	烈	驳	闰	凝	逼
免	靠	嗓	纵	皖	跤	笨	丢	骗	膜
子	家	治	磁	夏	腔	爽	舰	孔	箱
叙	蒸	仪	跌	费	源	汝	秋	俗	剧
歌	秒	退	眨	鬓	昏	容	歪	团	贼
掠	秆	稻	添	景	飘	探	东	尹	搜
法	群	沟	拿	呕	抓	昂	碰	果	份
钞	踩	女	捶	奶	跪	文	锁	云	糠

二、读多音节词语（100个音节，共20分，限时2.5分钟）

夸张	程序	烟卷儿	频率	画面	维生素	白净
恰当	坏人	下列	飞跃	穷苦	力量	传统
从而	往日	男女	握手	佛教	厚道	旁听
转悠	追求	虐待	责怪	天体	循环	小丑儿
保存	虽然	太平	审美	放射	解脱	伯母
宣布	底子	封锁	大娘	军事	纳闷儿	功用
其次	状况	轻音乐	红润	展览	作恶	挨个儿

三、朗读短文（400个音节，共30分，限时4分钟）

作品13号

四、命题说话（请在下列话题中任选一个，共40分，限时3分钟）

1. 老师

2. 小家、大家与国家

5号样卷

一、读单音节字词（100个音节，共10分，限时3.5分钟）

竖 慌 拄 外 追 严 米 奏 许 欠
家 彼 剩 展 霸 栓 曼 尤 沁 摘
我 修 娘 染 砌 池 末 屯 傲 塔
呆 眸 封 榜 坤 逃 恐 蔫 闯 焦
仍 鸥 溺 儿 垦 胸 弱 巢 锅 芽
兑 哲 却 窘 浑 均 狠 酥 北 宗
颇 穗 祖 肥 饼 蹬 贡 跌 敛 根
女 元 精 团 选 寸 赏 财 嗓 劣
次 瓶 撬 流 蛙 粮 搔 试 子 围
爬 略 宠 侧 乖 运 食 放 耍 苗

二、读多音节词语（100个音节，共20分，限时2.5分钟）

图案 农村 刷新 撒谎 接洽 撇开 品种
会计 河流 亏损 迈进 没词儿 情怀 时候
大娘 高尚 虐待 耕作 丰盛 舌头 窘迫
军队 儿童 遵守 屈服 共产党 好转 训练
学者 主人翁 阳光 两边 出圈儿 镇压 日程
疲倦 参观 夸张 被窝儿 滥用 标语 幼年
狂笑 饲料 方兴未艾 热闹 佛典 蜜枣儿

三、朗读短文（400个音节，共30分，限时4分钟）

作品19号

四、命题说话（请在下列话题中任选一个，共40分，限时3分钟）

1. 珍贵的礼物

2. 对亲情（或友情、爱情）的理解

6号样卷

一、读单音节字词（100个音节，共10分，限时3.5分钟）

略 延 舜 才 邓 瞟 抄 平 叩 怎
诗 策 窘 雾 浇 日 洼 棋 胎 全
虚 简 热 踢 月 居 俏 尝 痛 美
歌 朽 帆 荣 招 乏 外 芽 饥 娘
咧 云 洒 垫 儿 准 踹 含 轨 盂
选 辉 万 柯 烫 窄 踱 训 呆 拔
抿 吠 礼 橙 祝 栏 眨 足 宝 渔
念 谋 雇 聋 偶 者 袄 抓 垦 穗
戳 广 贴 墙 蕊 僧 瘦 摸 洽 胸
傍 磁 馆 字 酸 饼 丢 谎 颇 沉

二、读多音节词语（100个音节，共20分，限时2.5分钟）

日益 窘迫 军粮 月份 嫂子 思考 先生
恰当 灾难 而且 叫好儿 图钉儿 作者 孙女
水鸟 消灭 拼凑 引导 出类拔萃 策略 中外
主人翁 佛法 盎然 压力 大伙儿 规格 收成
串联 开会 根据 国王 荒谬 面孔 政权
宣布 客气 英雄 挂帅 牛顿 悲哀 群体
钻头 花瓶 办公室 审美 新娘 坎肩儿

三、朗读短文（400个音节，共30分，限时4分钟）

作品21号

四、命题说话（请在下列话题中任选一个，共40分，限时3分钟）

1. 假日生活

2. 对美的看法

7号样卷

一、读单音节字词（100个音节，共10分，限时3.5分钟）

堪　水　字　眯　碾　丢　阵　胚　住　迟
忘　酸　粤　兜　悬　扯　弓　喂　从　眨
叹　绞　忠　咧　腥　泛　驱　袄　踱　迁
项　佐　后　蜂　谬　拔　用　耍　疗　厂
拿　生　而　孙　许　掐　碰　嘴　瓮　裙
其　至　疼　垮　隔　摘　测　贼　君　蒋
侵　踹　学　呆　饱　浑　古　伶　缓　掠
该　次　鼻　末　跟　饶　恐　台　艘　谎
炎　说　团　润　窟　外　壤　下　蠢　瞥
窘　博　粪　袁　贬　髻　脸　设　恩　募

二、读多音节词语（100个音节，共20分，限时2.5分钟）

今日　疼痛　健全　报废　吵嘴　卤水　旋转
掌管　电压　授予　苍穹　温带　花瓶儿　红娘
诚恳　佛教　快乐　血液　存在　难怪　少女
部分　恰巧　谬误　从而　未遂　西欧　小说儿
均匀　力量　名牌儿　换算　风格　国王　侵略
牛犊　意思　仍然　后面　责任感　窘迫　侦察
半导体　悲哀　火苗儿　似的　发狂　爪子　编写

三、朗读短文（400个音节，共30分，限时4分钟）

作品32号

四、命题说话（请在下列话题中任选一个，共40分，限时3分钟）

1. 我喜爱的植物
2. 网络时代的生活

8号样卷

一、读单音节字词（100个音节，共10分，限时3.5分钟）

笨 衡 末 团 腹 牢 洼 陶 缺 壤
溺 胚 狼 逛 决 锅 贼 典 项 童
藕 陈 砂 而 米 云 历 堆 晒 元
撰 西 瓮 斩 芽 女 闰 叠 宫 层
善 寻 注 雄 剂 蕊 沁 高 坏 踱
误 巴 乃 塘 腮 氧 遮 缓 怯 组
荒 垮 冒 剖 吻 平 子 擦 岸 粉
狗 持 歪 整 双 渴 救 叼 法 词
箔 肿 加 肯 瑟 艇 料 师 写 松
戳 穷 亏 劝 编 愣 居 昂 芯 柄

二、读多音节词语（100个音节，共20分，限时2.5分钟）

刷新 传染病 群众 闺女 亏损 英雄 区域
海市蜃楼 案子 恰如 公民 虐待 光照 旦角儿
撇开 佛像 荒谬 红包儿 波谷 另外 分泌
存在 捐款 占用 老爷 配合 主人翁 上层
党委 快乐 增长 掉价儿 青蛙 落日 从而
冠军 天体 胶片 邮戳儿 线圈 咳嗽 大娘
土匪 昂首 沙发 火车 西欧 死板

三、朗读短文（400个音节，共30分，限时4分钟）

作品1号

四、命题说话（请在下列话题中任选一个，共40分，限时3分钟）

1. 我的理想（或愿望）

2. 对垃圾分类的认识

9号样卷

一、读单音节字词（100个音节，共10分，限时3.5分钟）

宽 淌 丢 子 篇 察 披 囚 酸 胞
啃 蝶 波 囊 餐 耳 白 讲 跟 险
持 惧 闯 彭 内 乳 浙 摸 黯 则
诉 睁 敛 黑 踹 导 厘 广 投 景
随 奉 存 懂 笙 用 诊 词 胀 牙
丙 柔 洽 艇 热 穷 女 箭 稳 铭
浦 舜 鸥 窃 心 垮 曹 袜 脂 辣
弓 洒 盒 滥 歪 退 穴 篾 条 再
元 滨 选 耗 熏 爬 日 鸟 枪 运
拴 裂 说 脓 吼 姬 附 肠 果 泛

二、读多音节词语（100个音节，共20分，限时2.5分钟）

四周 留声机 拇指 席卷 家长 开窍儿 后天
打嗝儿 钢铁 强调 矮小 镇压 安慰 挫折
何尝 盗贼 农村 收藏 佛经 侵略 你们
玩耍 探索 于是 可以 豪华 怀抱 迅速
虐待 能量 做梦 拉链儿 无穷 陡坡 然而
亏损 荧光屏 烧饼 成本 外面 非法 宣传
有劲儿 繁荣 胸脯 框子 灭亡 人群 闺女

三、朗读短文（400个音节，共30分，限时4分钟）

作品36号

四、命题说话（请在下列话题中任选一个，共40分，限时3分钟）

1. 过去的一年

2. 如何保持良好的心态

10号样卷

一、读单音节字词（100个音节，共10分，限时3.5分钟）

亭	嘴	贴	送	暖	术	生	讨	盆	疼
呕	锐	蛇	啃	罚	浪	选	末	穷	撅
弥	枪	簧	梭	晚	军	而	综	矩	星
刊	料	纯	泛	脓	杯	傍	奶	篮	改
来	者	蒸	遍	搜	恒	免	四	攀	找
柔	赴	拐	祥	乌	迟	恩	逛	由	歉
翁	立	洒	穆	纸	颇	权	括	文	槽
运	篇	滑	恰	拟	拔	语	缎	甲	笨
戳	嗅	刷	准	薛	杠	公	尊	梅	窘
黑	次	抵	凑	摔	隐	蜂	软	钓	野

二、读多音节词语（100个音节，共20分，限时2.5分钟）

高昂	跳蚤	撇开	描写	苍白	女工	世纪
温暖	仍旧	胚胎	煤炭	看法	群众	线轴儿
艺术家	恰好	缩短	外国	口述	饼子	旋转
雨点儿	捐赠	临床	窘迫	鼻儿	确定	荒谬
附庸	挖潜	日历	摧毁	抖擞	含糊	战略
通常	侧面	因而	大娘	况且	挎包	心思
佛经	分成	主人翁	遵循	率领	优良	挨个儿

三、朗读短文（400个音节，共30分，限时4分钟）

作品33号

四、命题说话（请在下列话题中任选一个，共40分，限时3分钟）

1. 朋友

2. 对幸福的理解

11号样卷

一、读单音节字词（100个音节，共10分，限时3.5分钟）

碗	踹	根	户	期	犯	缰	垒	绢	灰
柴	有	家	悦	贼	控	川	恒	尊	拔
此	滩	虫	土	瓢	瑟	托	耳	堆	挡
捷	胎	撤	拈	癖	原	朵	放	滚	歪
雄	判	眉	自	码	赛	皇	卧	嘘	耐
绺	恩	射	皿	池	香	指	绳	捆	夏
帛	枪	鳞	松	膜	袄	瘸	稿	凝	蔗
槽	负	刁	软	赵	翁	驯	亏	某	桩
瞥	既	耍	用	群	尚	柔	耕	蚕	眨
盆	碧	猪	垮	练	蕊	肾	膺	娶	另

二、读多音节词语（100个音节，共20分，限时2.5分钟）

人群	佛经	支持	稳当	夏天	紧缺	王后
率领	眷恋	定律	上吊	地层	谬论	区别
麻花儿	垂危	啄木鸟	快乐	贫穷	红军	剥削
安排	元素	小瓮儿	南方	被窝儿	线轴儿	高昂
舌头	创造	空子	舒坦	苟且	思索	总额
柔软	应用	抑扬顿挫	分工	开业	哈密瓜	然而
纳粹	妇女	家乡	封闭	扭转	配合	

三、朗读短文（400个音节，共30分，限时4分钟）

作品41号

四、命题说话（请在下列话题中任选一个，共40分，限时3分钟）

1. 童年生活

2. 科技发展与社会生活

12号样卷

一、读单音节字词（100个音节，共10分，限时3.5分钟）

揍 卿 垮 评 忌 恒 派 全 吹 次
靶 桌 饱 蹭 明 匪 快 奖 胸 圃
撅 取 迟 润 焉 信 腮 莫 冯 稻
瘟 镭 嫩 云 灸 袍 用 族 访 梁
米 烤 糖 洒 航 根 融 税 儿 旅
狂 瓮 丢 泣 语 愣 萱 谷 贫 摊
梨 穿 秒 下 抠 摆 捐 四 搓 帐
软 烘 灭 臻 田 鸭 始 抓 位 拿
波 德 庵 攥 我 妇 惨 训 拐 跷
穴 铁 荒 躲 笨 爽 辙 钩 癌 砂

二、读多音节词语（100个音节，共20分，限时2.5分钟）

沙尘 存在 请求 国王 今日 虐待 花瓶儿
难怪 产品 掉头 遭受 露馅儿 人群 压力
材料 窘迫 亏损 翱翔 永远 一辈子 通讯
敏感 不速之客 累赘 发愣 外面 酒盅儿 似乎
怎么 赔偿 勘察 妨碍 辨别 调整 少女
做活儿 完全 霓虹灯 疯狂 从而 入学 夸奖
回去 篡夺 秧歌 夏季 钢铁 佛典

三、朗读短文（400个音节，共30分，限时4分钟）

作品50号

四、命题说话（请在下列话题中任选一个，共40分，限时3分钟）

1. 我的兴趣爱好

2. 谈中国传统文化

13号样卷

一、读单音节字词（100个音节，共10分，限时3.5分钟）

鞋	盾	师	拱	电	国	四	徽	运	准
杯	藻	惩	演	脓	掠	戳	惯	衡	手
谜	画	饶	选	穷	日	峦	帕	返	苍
闯	薪	嘴	锋	洒	瓶	伞	腔	怎	靠
两	群	征	圆	甩	内	梢	德	标	谬
雄	豆	糊	抠	窃	波	盆	丢	耳	滨
罚	伸	习	这	他	渺	来	拣	跃	囊
快	瞻	次	寡	卖	吻	突	嗓	吴	恩
甜	聚	要	翁	膜	闰	烘	恰	鹅	氯
岁	禀	攥	惨	鸭	竭	翡	粗	脊	妆

二、读多音节词语（100个音节，共20分，限时2.5分钟）

怀念	夸张	棉花	奔跑	胸脯	安全	送信儿
杀害	侨眷	允许	跳高儿	钢铁	财产	如下
首尾	大娘	仍然	农村	摧毁	骄傲	富翁
来不及	战略	关卡	折磨	作品	谬论	穷人
在乎	群众	畅所欲言	扯皮	双亲	累赘	婴儿
佛寺	坎肩儿	虐待	完备	以外	黄桃	钉子
个别	疯狂	逗乐儿	工程师	质量	吹牛	

三、朗读短文（400个音节，共30分，限时4分钟）

作品47号

四、命题说话（请在下列话题中任选一个，共40分，限时3分钟）

1. 我喜欢的季节（或天气）

2. 对团队精神的理解

14号样卷

一、读单音节字词（100个音节，共10分，限时3.5分钟）

趋	脸	歪	堂	擦	台	酸	寝	云	秒
爸	期	谬	粉	俗	标	茶	胸	懂	沟
斜	府	菊	训	踱	仓	屡	九	笨	毛
裤	婚	团	稳	圣	草	憋	暖	艘	恩
瞒	窘	囊	赚	痒	绕	王	字	旷	北
潜	略	庄	壤	科	沈	彻	袍	掉	吹
耳	固	此	贤	要	培	摄	牙	隶	准
聂	捐	醉	绒	案	颌	税	领	增	挪
典	跳	摸	桨	圆	凤	霜	吼	下	擎
海	批	伞	揪	月	抓	淮	吃	直	破

二、读多音节词语（100个音节，共20分，限时2.5分钟）

窘迫	云彩	谬误	权力	超过	分配	老实
消费	夸张	核算	扇面儿	假若	作怪	撇开
富翁	蜜枣儿	着重	新娘	日后	胡琴	傍晚
虐待	许久	手工业	佛教	正好	人群	耳垂儿
变脸	强大	矿产	宣布	冻疮	定额	亏损
构成	丧葬	男女	略微	村子	红领巾	夏天
拥挤	电能	挨个儿	愉快	青蛙	彼此	坍塌

三、朗读短文（400个音节，共30分，限时4分钟）

作品23号

四、命题说话（请在下列话题中任选一个，共40分，限时3分钟）

1. 印象深刻的书籍（或报刊）

2. 谈社会公德（或职业道德）

15号样卷

一、读单音节字词（100个音节，共10分，限时3.5分钟）

滚	条	垒	痕	框	渴	仓	谨	笔	荆
程	丝	权	稍	云	黑	唇	拐	怜	摸
决	碰	斩	奉	牙	啮	款	倍	吃	怒
袍	震	而	妾	潭	弃	环	恩	彻	汞
暑	猜	挪	辆	法	弥	笨	霖	麦	肌
农	婚	律	贼	塌	下	村	房	谬	磁
热	须	扰	刷	统	勿	纱	我	枪	瑞
版	眸	杜	腮	串	丢	窘	破	挖	选
绳	纸	催	影	锹	走	越	反	训	巅
涩	广	跌	岩	畏	昂	踹	嘴	胸	桃

二、读多音节词语（100个音节，共20分，限时2.5分钟）

坚持	佛像	红润	群体	婴儿	她们	新娘
衰弱	成为	打击	定律	双重	话筒	望远镜
老头儿	繁殖	核算	线圈	交流	辩驳	小瓮儿
战略	谬论	赔偿	收购	奔涌	豆芽儿	八卦
私人	科学家	干脆	嗓子	亲切	超额	主宰
妥当	撇开	层出不穷	念叨	土匪	少女	奇怪
命运	罚款	障碍	马匹	做活儿	财政	

三、朗读短文（400个音节，共30分，限时4分钟）

作品7号

四、命题说话（请在下列话题中任选一个，共40分，限时3分钟）

1. 难忘的旅行

2. 对环境保护的认识

16号样卷

一、读单音节字词（100个音节，共10分，限时3.5分钟）

衡 末 团 腹 牢 洼 陶 缺 柄 壤
溺 胚 狼 逛 决 锅 贼 典 项 童
藕 陈 砂 而 米 云 历 堆 晒 元
撰 西 瓮 斩 芽 女 闰 叠 宫 层
善 寻 注 雄 剂 蕊 沁 高 坏 踱
误 巴 乃 塘 腮 氧 遮 缓 怯 组
荒 垮 冒 剖 吻 平 子 擦 岸 粉
狗 持 歪 整 双 渴 救 叼 法 词
箔 肿 加 肯 瑟 艇 料 师 写 松
戳 穷 亏 劝 编 愣 居 昂 芯 笨

二、读多音节词语（100个音节，共20分，限时2.5分钟）

昂首 沙发 火车 西欧 死板 刷新 传染病
群众 闺女 亏损 英雄 区域 海市蜃楼 案子
恰如 公民 虐待 光照 旦角儿 撇开 佛像
荒谬 红包儿 波谷 另外 分泌 存在 捐款
占用 老爷 配合 主人翁 上层 党委 快乐
增长 掉价儿 青蛙 落日 从而 冠军 天体
胶片 邮戳儿 线圈 咳嗽 大娘 土匪

三、朗读短文（400个音节，共30分，限时4分钟）

作品10号

四、命题说话（请在下列话题中任选一个，共40分，限时3分钟）

1. 我喜欢的美食

2. 谈谈卫生与健康

17 号样卷

一、读单音节字词（100 个音节，共 10 分，限时 3.5 分钟）

广 日 波 选 鬓 霜 耳 刮 防 嘴
廊 踩 葬 唇 甲 坠 栋 烤 抓 院
怀 袄 云 伙 坝 纠 犁 缺 伍 襟
掉 趴 草 瞥 括 粗 填 蹿 穷 黑
范 夕 井 涉 评 北 型 四 绒 氨
洛 雨 圣 偷 暮 晚 字 争 筹 碟
粪 棱 均 特 栽 抵 膜 钩 峰 盆
厢 褶 恰 胎 臣 拐 粤 荡 慌 算
砷 永 如 捺 魂 款 绪 潮 伞 浓
巧 王 买 流 娶 鼻 吃 准 骗 娘

二、读多音节词语（100 个音节，共 20 分，限时 2.5 分钟）

粗略 花鸟 刷新 临床 咳嗽 终身 融合
意思 虽说 早春 昂贵 内外 大娘 猫头鹰
舞蹈 扭转 根据地 疲倦 病人 善良 缺乏
贩子 爱好 拱桥 佛典 破坏 挫折 清爽
天下 存在 快板儿 价值 小瓮儿 循环 被窝儿
宾主 汹涌 仍旧 节日 不言而喻 频率 怎么
感慨 钢铁 权利 军队 成名 棉球儿

三、朗读短文（400 个音节，共 30 分，限时 4 分钟）

作品 17 号

四、命题说话（请在下列话题中任选一个，共 40 分，限时 3 分钟）

1. 我所在的学校（或公司、团队、其他机构）

2. 对终身学习的看法

18号样卷

一、读单音节字词（100个音节，共10分，限时3.5分钟）

帐 鳃 额 筋 远 自 蹿 墓 四 洒
跷 慎 兵 对 挖 窄 赎 攻 爽 沿
丛 歪 臀 末 甫 盼 软 胸 去 埂
蚕 汪 奏 勺 篾 坟 掠 娘 等 联
拐 派 犹 下 扭 旦 纬 畦 惹 而
若 挥 眨 寻 恩 权 很 遵 控 昌
考 洪 疯 凝 丑 颇 池 靶 军 垒
购 两 内 泽 煎 梅 雪 梦 倾 腻
奎 义 铝 鳖 影 周 策 辛 我 条
故 唐 谎 逃 枝 材 窘 抓 价 篇

二、读多音节词语（100个音节，共20分，限时2.5分钟）

遭受 露馅儿 人群 压力 材料 窘迫 亏损
翱翔 永远 一辈子 通讯 敏感 不速之客 累赘
发愣 外面 酒盅儿 似乎 怎么 赔偿 勘察
妨碍 辨别 调整 少女 做活儿 完全 霓虹灯
疯狂 从而 入学 夸奖 回去 篡夺 秧歌
夏季 钢铁 佛典 沙尘 存在 请求 国王
今日 虐待 花瓶儿 难怪 产品 掉头

三、朗读短文（400个音节，共30分，限时4分钟）

作品30号

四、命题说话（请在下列话题中任选一个，共40分，限时3分钟）

1. 尊敬的人

2. 自律与我

19号样卷

一、读单音节字词（100个音节，共10分，限时3.5分钟）

揍	卿	垮	评	忌	恒	派	全	吹	次
靶	桌	饱	蹭	明	匪	快	奖	胸	圃
撅	取	迟	润	焉	信	腮	莫	冯	稻
瘟	镭	嫩	云	灸	袍	用	族	访	粱
米	烤	糖	洒	航	根	融	税	儿	旅
狂	瓮	丢	泣	语	愣	骨	谷	贫	摊
梨	穿	秒	下	抠	摆	捐	四	搓	帐
软	烘	灭	臻	田	鸭	始	抓	位	拿
波	德	庵	攥	我	妇	惨	训	拐	跷
穴	铁	荒	躲	笨	爽	辙	钩	癌	砂

二、读多音节词语（100个音节，共20分，限时2.5分钟）

荒谬	年轻	探讨	琵琶	连累	成本	下午
未曾	挨个儿	大战	合作社	贵宾	柔软	骄傲
人群	细菌	窘迫	宣传	反省	抓阄儿	原料
门铃儿	生长	爽快	外地	富翁	虐待	盗贼
贴切	处于	挪用	财政	决议	营养	口腔
方法论	然而	苍白	那么	亏损	自始至终	佛典
少女	关卡	笑话儿	产品	公司	随后	

三、朗读短文（400个音节，共30分，限时4分钟）

作品16号

四、命题说话（请在下列话题中任选一个，共40分，限时3分钟）

1. 我喜爱的动物

2. 谈服饰

20号样卷

一、读单音节字词（100个音节，共10分，限时3.5分钟）

夏	犊	嫩	扯	愁	纵	窟	错	瞧	渠
逆	塘	播	频	姓	蹄	篾	匹	窜	伟
雄	尺	摘	祥	鳖	穷	字	德	务	准
院	嗓	卦	决	贩	水	褐	往	氨	磁
柬	川	劝	仰	修	驼	坑	脑	牧	蕊
均	晒	表	僧	料	双	嘴	坤	耳	至
刷	尘	滚	摸	授	捣	辣	听	龙	越
藕	层	踹	居	碗	鸭	谜	婶	牛	张
很	熔	擦	柔	窝	兰	黑	噙	消	内
损	辈	枫	拐	鞭	责	纺	云	缕	偏

二、读多音节词语（100个音节，共20分，限时2.5分钟）

外科	平行	靠不住	标准	募捐	专家	麦子
时日	裸体	东欧	岁数	频率	风起云涌	大多
恰好	基本功	倒挂	宣传	唱歌儿	扭曲	门槛儿
雄伟	亏损	佛寺	眼前	群众	觉得	男女
上层	才能	增长	弹簧	月亮	划分	抽空儿
坏人	修改	养活	然而	钢铁	面临	博爱
小瓮儿	配合	村庄	手法	咖啡	理解	

三、朗读短文（400个音节，共30分，限时4分钟）

作品1号

四、命题说话（请在下列话题中任选一个，共40分，限时3分钟）

1. 我了解的地域文化（或风俗）

2. 生活中的诚信

21号样卷

一、读单音节字词（100个音节，共10分，限时3.5分钟）

邓 歌 瓦 国 制 巾 灌 堆 染 月
砍 滨 甩 滑 拐 军 刘 梦 雄 骚
昂 偏 投 午 喉 翁 朽 翻 儒 腻
原 啮 徒 猫 肺 松 导 而 砖 柄
控 选 述 缓 庞 腔 吮 肉 许 哀
瘠 带 能 谎 插 蠢 播 腿 擦 怎
莫 舔 揍 买 份 掐 晾 井 庙 则
它 惨 嫩 肿 聊 趋 辨 品 泪 凝
炼 云 憋 程 穷 要 回 趁 丝 状
绝 瑟 旗 禹 湿 爬 廓 押 锡 词

二、读多音节词语（100个音节，共20分，限时2.5分钟）

苍白 通讯 能耐 编纂 沉重 利落 敏感
傻瓜 似乎 即日 信仰 老头儿 健全 昂贵
手绢儿 愉快 症状 熔点 纯粹 饭盒儿 聪明
英勇 学校 率领 佛像 天下 角色 纳闷儿
分配 撇开 光泽 人口 包涵 群体 稳妥
贫穷 按照 恰好 独一无二 富翁 牛顿 打算
傀儡 灭亡 成就 自治区 博得 标准化

三、朗读短文（400个音节，共30分，限时4分钟）

作品32号

四、命题说话（请在下列话题中任选一个，共40分，限时3分钟）

1. 体育运动的乐趣
2. 家庭对个人成长的影响

22号样卷

一、读单音节字词（100个音节，共10分，限时3.5分钟）

终 棒 活 养 瓢 洼 挪 皿 琼 捐
滩 许 情 可 敌 鸭 寺 歪 常 窃
肉 商 漫 首 枯 总 抓 床 啃 绳
纲 瑞 妖 攫 振 弥 卵 烧 踹 闪
酒 范 铂 岁 虹 匪 初 乍 绺 宋
逢 君 枉 规 题 该 掠 悬 抖 鹤
脸 攥 寻 举 仍 猜 墨 趴 业 壕
领 捏 尔 科 本 赐 高 部 谬 贼
素 滚 偷 时 捧 柴 队 袄 浑 跳
营 凶 启 翅 恩 擦 窄 签 嫁 饷

二、读多音节词语（100个音节，共20分，限时2.5分钟）

南北 麦子 抓紧 外宾 哈密瓜 场所 配套
霜期 上层 生存 大腕儿 东欧 面条儿 情况
将军 政党 安排 奋不顾身 连日 作坊 群众
照片 柔软 率领 定律 轮流 闺女 佛法
医院 用途 科学家 而且 总统 饭盒儿 关押
旋转 嘴唇 修改 养活 脑髓 虐待 小瓮儿
相似 灭亡 穷人 快速 维持 波及

三、朗读短文（400个音节，共30分，限时4分钟）

作品2号

四、命题说话（请在下列话题中任选一个，共40分，限时3分钟）

1. 让我快乐的事情

2. 我的一天

23号样卷

一、读单音节字词（100个音节，共10分，限时3.5分钟）

选 鬓 霜 耳 襟 黑 氨 刮 防 嘴
踩 葬 唇 甲 坠 栋 烤 抓 廊 院
怀 袄 云 伙 坝 纠 犁 缺 伍 掉
趴 草 瞥 括 粗 填 蹿 穷 范 夕
井 涉 评 北 型 四 绒 洛 雨 圣
偷 暮 晚 字 争 筹 碟 粪 棱 均
特 栽 抵 膜 钩 峰 盆 厢 褶 恰
胎 臣 拐 粤 荡 慌 算 砷 永 如
捺 魂 款 绪 潮 伞 浓 巧 王 买
流 娶 鼻 吃 准 骗 娘 广 日 波

二、读多音节词语（100个音节，共20分，限时2.5分钟）

宾主 汹涌 仍旧 早春 频率 怎么 感慨
钢铁 权利 军队 成名 棉球儿 病人 善良
花鸟 刷新 临床 咳嗽 终身 融合 意思
虽说 天下 昂贵 内外 大娘 猫头鹰 舞蹈
扭转 根据地 疲倦 存在 节日 缺乏 贩子
爱好 拱桥 佛典 破坏 挫折 清爽 粗略
快板儿 价值 小瓮儿 循环 被窝儿 不言而喻

三、朗读短文（400个音节，共30分，限时4分钟）

作品40号

四、命题说话（请在下列话题中任选一个，共40分，限时3分钟）

1. 我喜爱的节日

2. 对美的看法

24号样卷

一、读单音节字词（100个音节，共10分，限时3.5分钟）

蹄	整	锈	窘	厥	漾	尝	远	酉	亡
条	怪	康	娇	瑞	楼	安	示	层	劣
勺	掌	极	遵	洽	葛	踹	捏	壤	拴
笨	霉	册	偏	芽	谎	代	锁	沟	腊
彩	吨	遣	徐	尺	迸	堵	挥	澳	戳
耸	皱	酸	儿	郭	自	酚	虹	攥	买
穷	超	民	选	巴	蜜	响	爬	锭	筐
委	波	磁	黑	群	害	扰	硫	追	棚
蛙	扣	桩	蛋	纺	运	凝	温	团	键
书	筒	摸	垮	录	趋	穴	彼	孵	砍

二、读多音节词语（100个音节，共20分，限时2.5分钟）

看法	哥们儿	篡改	圈套	群体	效率	思维
窘迫	给以	战略	昂然	分别	祖宗	凉爽
商标	戏曲	佛像	主人翁	同伴	收回	厌倦
撇开	画家	走访	因而	身边	拐弯儿	下游
轻快	多么	奥秘	亏损	状况	军事	太阳能
虐待	英雄	牛顿	冲刷	大伙儿	今日	流传
面前	谬误	灯泡儿	从此	扫帚	贯彻	土匪

三、朗读短文（400个音节，共30分，限时4分钟）

作品11号

四、命题说话（请在下列话题中任选一个，共40分，限时3分钟）

1. 我喜欢的历史人物

2. 谈卫生与健康

25号样卷

一、读单音节字词（100 个音节，共 10 分，限时 3.5 分钟）

藻	购	澳	汪	床	我	接	夫	夏	腰
刮	缓	敢	掠	就	押	廷	锦	钱	原
伞	春	债	尺	苦	勤	掩	虫	碑	僧
辉	矛	统	订	白	租	则	测	朽	儿
塔	吏	裁	荣	善	码	央	弯	嫩	雪
巡	颇	涩	唱	窘	知	巧	雷	垮	瑞
扔	律	磁	鸟	榨	局	爹	两	端	贴
索	庄	莫	风	盲	辨	匀	侯	穷	运
跟	自	山	震	准	凭	饿	戚	催	甩
狂	梦	陡	堂	凑	踹	膘	浦	选	房

二、读多音节词语（100 个音节，共 20 分，限时 2.5 分钟）

外界	新娘	政策	上层	地球	夸张	飘然
因而	爽朗	妇女	学说	军用	明天	打算
退化	意思	人员	训练	麦子	疮疤	青霉素
佛经	窘迫	下马	村庄	深奥	日历	围嘴儿
不良	开垦	跟前	挨个儿	疟疾	少年	蛋黄儿
病榻	胡同儿	恰当	旅馆	作战	排斥	课程
干燥	手工业	飞快	小丑	牛顿	完全	

三、朗读短文（400 个音节，共 30 分，限时 4 分钟）

作品 25 号

四、命题说话（请在下列话题中任选一个，共 40 分，限时 3 分钟）

1. 我欣赏的历史人物

2. 谈个人修养

26号样卷

一、读单音节字词（100个音节，共10分，限时3.5分钟）

滚	条	垒	痕	框	渴	仓	谨	笔	荆
程	丝	权	稍	云	黑	唇	拐	怜	摸
决	碰	斩	奉	牙	啮	款	倍	吃	怒
袍	震	而	妾	潭	弃	环	恩	彻	汞
暑	猜	挪	辆	法	弥	笨	霖	麦	肌
农	婚	律	贼	塌	下	村	房	谬	磁
热	须	扰	刷	统	勿	纱	我	枪	瑞
版	眸	杜	腮	串	丢	窘	破	挖	选
绳	纸	催	影	锹	走	越	反	训	巅
涩	广	跌	岩	畏	昂	踹	嘴	胸	桃

二、读多音节词语（100个音节，共20分，限时2.5分钟）

搜刮	进口	安全	蛋黄儿	男女	奋勇	机械化
逃窜	然而	缓解	人群	别扭	恐龙	医学
类似	明确	纳闷儿	亏损	恰当	平原	未曾
作怪	船台	超额	纯粹	公有制	隔壁	下面
存在	特征	发表	被窝儿	富翁	佛经	运输
填充	大娘	爽快	毛驴儿	开放	成果	物品
消息	强盗	主张	窘迫	袋子	冷水	落日

三、朗读短文（400个音节，共30分，限时4分钟）

作品18号

四、命题说话（请在下列话题中任选一个，共40分，限时3分钟）

1. 劳动的体会

2. 谈传统美德

27 号样卷

一、读单音节字词（100 个音节，共 10 分，限时 3.5 分钟）

液	昂	鬓	萍	有	凳	穷	坤	并	莫
倾	瓦	农	涩	鬼	逊	添	踹	衍	醉
膘	朽	耐	选	蛮	拥	北	能	字	而
枕	材	鸟	制	雪	杂	闹	酸	傻	赔
君	咧	凑	俄	津	驴	蜕	拙	丑	弱
临	股	宅	赏	太	杭	虾	哨	复	藤
掠	槽	款	擦	鳍	波	死	束	梯	面
羽	抓	耿	端	渴	批	簧	赶	文	江
热	尊	亮	捐	陈	方	赤	法	掐	缓
沾	拐	皆	琴	葱	儒	爽	夺	爹	维

二、读多音节词语（100 个音节，共 20 分，限时 2.5 分钟）

丰满	英雄	妇女	上层	荒谬	匪徒	显微镜
开外	无穷	疟疾	质量	观光	半道儿	拼命
群体	锥子	持久	寻找	恰当	表演	选举
弱点	红润	夸张	花脸	操纵	宾客	恩情
砂轮儿	加工	创作	由于	老爷	媒人	佛学
大娘	钢铁	从而	核算	手绢儿	一丝不苟	渗透
飘带	白色	挨个儿	侵占	破坏	生产力	

三、朗读短文（400 个音节，共 30 分，限时 4 分钟）

作品 43 号

四、命题说话（请在下列话题中任选一个，共 40 分，限时 3 分钟）

1. 我喜欢的职业（或专业）

2. 自律与我

28号样卷

一、读单音节字词（100个音节，共10分，限时3.5分钟）

非	谬	昂	水	颠	绝	纱	拟	崩	穷
挖	伞	究	房	戳	碗	厅	爽	惠	吃
缆	容	开	而	昭	泽	裹	僻	门	凑
袍	羽	舟	草	夏	影	碰	腿	四	刷
合	块	贫	壤	寻	烤	互	享	群	工
民	胸	凝	之	条	奖	镀	险	败	缸
毙	杂	本	填	珍	闯	拎	偶	罪	锁
腊	噎	肋	捐	窃	卤	末	藤	润	浓
举	从	掐	喉	院	除	钓	僧	饭	沉
越	甩	气	蹲	我	搏	自	插	钙	短

二、读多音节词语（100个音节，共20分，限时2.5分钟）

而且	夏季	方案	土壤	音响	南瓜	谬论
劳动者	迅速	妖精	催化	同学	深层	贫穷
黑板	落款儿	拜见	全局	辩证法	右手	大娘
问卷	得天独厚	恰好	人们	光明	策略	挽回
分别	群众	没谱儿	专用	衰败	长城	夸张
痞子	波涛	挨个儿	往返	外国	总之	孙女
所以	创作	小瓮儿	思考	佛典	厉害	

三、朗读短文（400个音节，共30分，限时4分钟）

作品47号

四、命题说话（请在下列话题中任选一个，共40分，限时3分钟）

1. 向往的地方

2. 谈服饰

29号样卷

一、读单音节字词（100个音节，共10分，限时3.5分钟）

瀑	码	神	特	喘	浓	鸥	独	讲	幸
洒	端	牙	眯	惨	飘	却	汪	庙	疼
廓	宾	怯	久	贝	拢	涩	椎	镭	吃
改	云	写	前	桂	筛	闰	吹	越	彼
而	秆	磷	宗	脖	睁	候	捐	纳	挥
捆	稻	花	铝	杀	拂	仿	津	管	踹
你	屯	脸	获	裁	党	凿	康	自	萍
歪	碳	疯	雄	寡	穷	我	四	绺	抻
盆	氧	志	膜	妆	圆	耕	虎	搓	袄
熔	下	厅	渠	箭	贼	训	德	顺	表

二、读多音节词语（100个音节，共20分，限时2.5分钟）

才能	影子	逃窜	类似	学科	亏损	追求
后头	瓜瓤儿	挎包	均匀	收缩	佛法	啄木鸟
判决书	新娘	这么	铁轨	下午	围剿	因而
沉重	缅怀	展览	存款	配偶	区别	状况
灯泡儿	恰当	好歹	邮戳儿	另外	定律	在场
方便	总称	波峰	设备	权利	大相径庭	即日
疲倦	小瓮儿	铺盖	实用	穷人	男女	

三、朗读短文（400个音节，共30分，限时4分钟）

作品6号

四、命题说话（请在下列话题中任选一个，共40分，限时3分钟）

1. 让我感动的事情

2. 对美的看法

30号样卷

一、读单音节字词（100个音节，共10分，限时3.5分钟）

拈	驼	瞥	你	颇	卢	内	沙	谎	别
磁	韵	昭	您	灭	僧	愧	袄	戳	软
决	阵	停	准	仍	凑	赏	清	逢	春
昂	潘	园	币	陪	选	务	描	弓	缕
松	拐	船	附	价	米	牵	洗	抬	踹
港	声	蕊	躯	爽	杂	苦	兜	辆	儿
喊	纠	势	敛	卫	巧	军	材	柜	岭
赫	凝	莫	挖	档	筛	字	雄	笨	扯
货	雹	端	池	罢	丢	废	怎	芽	窘
曹	宾	斜	粤	弦	三	孔	腔	特	养

二、读多音节词语（100个音节，共20分，限时2.5分钟）

痛快	英雄	富翁	渺小	黄色	太阳能	平均
保险	佛法	烈日	冲刷	怪物	飞行	然而
激昂	体育馆	大娘	刀刃儿	挺拔	政策	邮戳儿
不安	生存	笔者	累赘	思索	课程	全身
虐待	我们	恰巧	加入	怀念	森林	群众
亲切	食用	矿产	疲倦	创作	毛驴儿	后悔
遵守	决心	脑瓜儿	谬论	干脆	胖子	波段

三、朗读短文（400个音节，共30分，限时4分钟）

作品5号

四、命题说话（请在下列话题中任选一个，共40分，限时3分钟）

1. 我喜爱的艺术形式
2. 我了解的十二生肖

第三部分

普通话水平测试概要

第十二章

普通话水平测试简介

普通话水平测试（PSC: PUTONGHUA SHUIPING CESHI，缩写为 PSC）是对应试者运用普通话的规范程度、熟练程度进行测查的口语考试。考试形式为口试。

普通话水平等级分为三级六等，即一、二、三级，每个级别再分出甲、乙两个等次；一级甲等为最高，三级乙等为最低。

普通话水平测试不是对口才的评定，而是对应试者掌握和运用普通话所达到的规范程度的测查和评定，是对应试者的汉语标准语测试。应试者在运用普通话口语进行表达过程中所表现的语音、词汇、语法规范程度，是评定其所达到的水平等级的重要依据。

普通话水平测试等级证书是证明应试者普通话水平的有效凭证，证书由国家语言文字工作委员会统一印制。普通话一级乙等以下成绩的证书由省（直辖市）级语言文字工作委员会加盖印章后颁发，普通话一级甲等的证书须经国家普通话水平测试中心审核并加盖国家普通话水平测试中心印章后方为有效。有效的普通话水平测试等级证书全国通用。

普通话是以北京语音为标准音，以北方话为基础方言，以典范的现代白话文著作为语法规范的现代汉民族共同语。普通话是中华人民共和国通用语言。

普通话是以汉语授课的各级各类学校的教学用语；是以汉语传送的各级广播电台、电视台和汉语电影、电视剧、话剧必须使用的规范用语；是我国党政机关、社会团体、企事业单位必须使用的公务活动用语；是不同方言区以及国内不同民族之间人们的交际用语。

《中华人民共和国宪法》第十九条规定：“国家推广全国通用的普通话。”

《中华人民共和国国家通用语言文字法》第十九条规定：“凡以普通话作为工作语言的

岗位，其工作人员应当具备说普通话的能力。以普通话作为工作语言的播音员、节目主持人和影视话剧演员、教师、国家机关工作人员的普通话水平，应当分别达到国家规定的等级标准；对尚未达到国家规定的普通话等级标准的，分别情况进行培训。”

掌握和使用一定水平的普通话，是进行现代化建设的各行各业人员，特别是播音员、节目主持人、教师、影视话剧演员以及国家机关工作人员必备的职业素质。因此，有必要对上述岗位的从业人员进行普通话水平测试，并逐步实行持等级证书上岗制度。

普通话是汉民族的共同语，是规范化的现代汉语，是全国通用的语言。共同的语言和规范化的语言是不可分割的，没有一定的规范就不可能做到真正的共同。普通话的规范指的是现代汉语在语音、词汇、语法各方面的标准。普通话水平测试是推广普通话工作的组成部分，是使推广普通话工作逐步走向制度化、规范化、科学化的重要举措。

第十三章

普通话水平测试大纲

（教育部 国家语委发教语用〔2003〕2号文件）

根据教育部、国家语言文字工作委员会发布的《普通话水平测试管理规定》《普通话水平测试等级标准》，制定本大纲。

一、测试的名称、性质、方式

本测试定名为“普通话水平测试”（PUTONGHUA SHUIPING CESHI，缩写为PSC）。普通话水平测试测查应试人的普通话规范程度、熟练程度，认定其普通话水平等级，属于标准参照性考试。本大纲规定测试的内容、范围、题型及评分系统。

普通话水平测试以口试方式进行。

二、测试内容和范围

普通话水平测试的内容包括普通话语音、词汇和语法。

普通话水平测试的范围是国家测试机构编制的《普通话水平测试用普通话词语表》《普通话水平测试用普通话与方言词语对照表》《普通话水平测试用普通话与方言常见语法差异对照表》《普通话水平测试用朗读作品》《普通话水平测试用话题》。

三、试卷构成和评分

试卷包括5个组成部分，满分为100分。

（一）读单音节字词（100个音节，不含轻声、儿化音节），限时3.5分钟，共10分。

1. 目的：测查应试人声母、韵母、声调读音的标准程度。

2. 要求：

（1）100个音节中，70%选自《普通话水平测试用普通话词语表》“表一”，30%选自“表二”。

（2）100个音节中，每个声母出现次数一般不少于3次，每个韵母出现次数一般不少于2次，4个声调出现次数大致均衡。

（3）音节的排列要避免同一测试要素连续出现。

3. 评分：

（1）语音错误，每个音节扣0.1分。

（2）语音缺陷，每个音节扣0.05分。

（3）超时1分钟以内，扣0.5分；超时1分钟以上（含1分钟），扣1分。

（二）读多音节词语（100个音节），限时2.5分钟，共20分。

1. 目的：测查应试人声母、韵母、声调和变调、轻声、儿化读音的标准程度。

2. 要求：

（1）词语的70%选自《普通话水平测试用普通话词语表》“表一”，30%选自“表二”。

（2）声母、韵母、声调出现的次数与读单音节字词的要求相同。

（3）上声与上声相连的词语不少于3个，上声与非上声相连的词语不少于4个，轻声不少于3个，儿化不少于4个（应为不同的儿化韵母）。

（4）词语的排列要避免同一测试要素连续出现。

3. 评分：

（1）语音错误，每个音节扣0.2分。

（2）语音缺陷，每个音节扣0.1分。

（3）超时1分钟以内，扣0.5分；超时1分钟以上（含1分钟），扣1分。

（三）选择判断*，限时3分钟，共10分。

1. 词语判断（10组）

（1）目的：测查应试人掌握普通话词语的规范程度。

（2）要求：根据《普通话水平测试用普通话与方言词语对照表》，列举 10 组普通话与方言意义相对应但说法不同的词语，由应试人判断并读出普通话的词语。

（3）评分：判断错误，每组扣 0.25 分。

2. 量词、名词搭配（10 组）

（1）目的：测查应试人掌握普通话量词和名词搭配的规范程度。

（2）要求：根据《普通话水平测试用普通话与方言常见语法差异对照表》，列举 10 个名词和若干量词，由应试人搭配并读出符合普通话规范的 10 组名量短语。

（3）评分：搭配错误，每组扣 0.5 分。

3. 语序或表达形式判断（5 组）

（1）目的：测查应试人掌握普通话语法的规范程度。

（2）要求：根据《普通话水平测试用普通话与方言常见语法差异对照表》，列举 5 组普通话和方言意义相对应，但语序或表达习惯不同的短语或短句，由应试人判断并读出符合普通话语法规范的表达形式。

（3）评分：判断错误，每组扣 0.5 分。

选择判断合计超时 1 分钟以内，扣 0.5 分；超时 1 分钟以上（含 1 分钟），扣 1 分。答题时语音错误，每个错误音节扣 0.1 分，如判断错误已经扣分，不重复扣分。

（四）朗读短文（1 篇，400 个音节），限时 4 分钟，共 30 分。

1. 目的：测查应试人使用普通话朗读书面作品的水平。在测查声母、韵母、声调读音标准程度的同时，重点测查连读音变、停连、语调以及流畅程度。

2. 要求：

（1）短文从《普通话水平测试用朗读作品》中选取。

（2）评分以朗读作品的前 400 个音节（不含标点符号和括注的音节）为限。

3. 评分：

（1）每错 1 个音节，扣 0.1 分；漏读或增读 1 个音节，扣 0.1 分。

（2）声母或韵母的系统性语音缺陷，视程度扣 0.5 分、1 分。

（3）语调偏误，视程度扣 0.5 分、1 分、2 分。

（4）停连不当，视程度扣 0.5 分、1 分、2 分。

（5）朗读不流畅（包括回读），视程度扣 0.5 分、1 分、2 分。

（6）超时扣 1 分。

（五）命题说话，限时 3 分钟，共 30 分。

1. 目的：测查应试人在无文字凭借的情况下说普通话的水平，重点测查语音标准程度、词汇语法规范程度和自然流畅程度。

2. 要求：

（1）说话话题从《普通话水平测试用话题》中选取，由应试人从给定的两个话题中选定 1 个话题，连续说一段话。

（2）应试人单向说话。如发现应试人有明显背稿、离题、说话难以继续等表现时，主试人应及时提示或引导。

3. 评分：

（1）语音标准程度，共 20 分。分六档：

一档：语音标准，或极少有失误。扣 0 分、0.5 分、1 分。

二档：语音错误在 10 次以下，有方音但不明显。扣 1.5 分、2 分。

三档：语音错误在 10 次以下，但方音比较明显；或语音错误在 10 次—15 次之间，有方音但不明显。扣 3 分、4 分。

四档：语音错误在 10 次—15 次之间，方音比较明显。扣 5 分、6 分。

五档：语音错误超过 15 次，方音明显。扣 7 分、8 分、9 分。

六档：语音错误多，方音重。扣 10 分、11 分、12 分。

（2）词汇语法规范程度，共 5 分。分三档：

一档：词汇、语法规范。扣 0 分。

二档：词汇、语法偶有不规范的情况。扣 0.5 分、1 分。

三档：词汇、语法屡有不规范的情况。扣 2 分、3 分。

（3）自然流畅程度，共 5 分。分三档：

一档：语言自然流畅。扣 0 分。

二档：语言基本流畅，口语化较差，有背稿子的表现。扣 0.5 分、1 分。

三档：语言不连贯，语调生硬。扣 2 分、3 分。

说话不足 3 分钟，酌情扣分：缺时 1 分钟以内（含 1 分钟），扣 1 分、2 分、3 分；缺时 1 分钟以上，扣 4 分、5 分、6 分；说话不满 30 秒（含 30 秒），本测试项成绩计为 0 分。

四、应试人普通话水平等级的确定

国家语言文字工作部门发布的《普通话水平测试等级标准》是确定应试人普通话水平

等级的依据。测试机构根据应试人的测试成绩确定其普通话水平等级，由省、自治区、直辖市以上语言文字工作部门颁发相应的普通话水平测试等级证书。

普通话水平划分为三个级别，每个级别内划分两个等次。其中：

97 分及其以上，为一级甲等；

92 分及其以上但不足 97 分，为一级乙等；

87 分及其以上但不足 92 分，为二级甲等；

80 分及其以上但不足 87 分，为二级乙等；

70 分及其以上但不足 80 分，为三级甲等；

60 分及其以上但不足 70 分，为三级乙等。

* 说明：各省、自治区、直辖市语言文字工作部门可以根据测试对象或本地区的实际情况，决定是否免测“选择判断”测试项。如免测此项，“命题说话”测试项的分值由 30 分调整为 40 分。评分档次不变，具体分值调整如下：

（1）语音标准程度的分值，由 20 分调整为 25 分。

一档：扣 0 分、1 分、2 分。

二档：扣 3 分、4 分。

三档：扣 5 分、6 分。

四档：扣 7 分、8 分。

五档：扣 9 分、10 分、11 分。

六档：扣 12 分、13 分、14 分。

（2）词汇语法规范程度的分值，由 5 分调整为 10 分。

一档：扣 0 分。

二档：扣 1 分、2 分。

三档：扣 3 分、4 分。

（3）自然流畅程度，仍为 5 分，各档分值不变。

第十四章

普通话水平测试等级标准（试行）

（国家语言文字工作委员会1997年12月5日颁布，国语〔1997〕64号）

一级

甲等　朗读和自由交谈时，语音标准，词语、语法正确无误，语调自然，表达流畅。测试总失分率在3%以内。

乙等　朗读和自由交谈时，语音标准，词语、语法正确无误，语调自然，表达流畅。偶然有字音、字调失误。测试总失分率在8%以内。

二级

甲等　朗读和自由交谈时，声韵调发音基本标准，语调自然，表达流畅。少数难点音（平翘舌音、前后鼻尾音、边鼻音等）有时出现失误。词语、语法极少有误。测试总失分率在13%以内。

乙等　朗读和自由交谈时，个别调值不准，声韵母发音有不到位现象。难点音（平翘舌音、前后鼻尾音、边鼻音、fu—hu、z—zh—j、送气不送气、i—ü不分，保留浊塞音和浊塞擦音、丢介音、复韵母单音化等）失误较多。方言语调不明显。有使用方言词、方言语法的情况。测试总失分率在20%以内。

三级

甲等　朗读和自由交谈时，声韵调发音失误较多，难点音超出常见范围，声调调值多不准。方言语调较明显。词语、语法有失误。测试总失分率在 30% 以内。

乙等　朗读和自由交谈时，声韵调发音失误多，方音特征突出。方言语调明显。词语、语法失误较多。外地人听其谈话有听不懂情况。测试总失分率在 40% 以内。

第十五章

普通话水平测试管理规定

（中华人民共和国教育部令　第51号）

第一条　为规范普通话水平测试管理，促进国家通用语言文字的推广普及和应用，根据《中华人民共和国国家通用语言文字法》，制定本规定。

第二条　普通话水平测试（以下简称测试）是考查应试人运用国家通用语言的规范、熟练程度的专业测评。

第三条　国务院语言文字工作部门主管全国的测试工作，制定测试政策和规划，发布测试等级标准和测试大纲，制定测试规程，实施证书管理。

省、自治区、直辖市人民政府语言文字工作部门主管本行政区域内的测试工作。

第四条　国务院语言文字工作部门设立或者指定国家测试机构，负责全国测试工作的组织实施、质量监管和测试工作队伍建设，开展科学研究、信息化建设等，对地方测试机构进行业务指导、监督、检查。

第五条　省级语言文字工作部门可根据需要设立或者指定省级及以下测试机构。省级测试机构在省级语言文字工作部门领导下，负责本行政区域内测试工作的组织实施、质量监管，设置测试站点，开展科学研究和测试工作队伍建设，对省级以下测试机构和测试站点进行管理、监督、检查。

第六条　各级测试机构和测试站点依据测试规程组织开展测试工作，根据需要合理配备测试员和考务人员。

测试员和考务人员应当遵守测试工作纪律，按照测试机构和测试站点的组织和安排完成测试任务，保证测试质量。

第七条　测试机构和测试站点要为测试员和考务人员开展测试提供必要的条件，合理支付其因测试工作产生的通信、交通、食宿、劳务等费用。

第八条　测试机构和测试站点应当健全财务管理制度，按照标准收取测试费用。

第九条　测试员分为省级测试员和国家级测试员，具体条件和产生办法由国家测试机构另行规定。

第十条　以普通话为工作语言的下列人员，在取得相应职业资格或者从事相应岗位工作前，应当根据法律规定或者职业准入条件的要求接受测试：

（一）教师；

（二）广播电台、电视台的播音员、节目主持人；

（三）影视话剧演员；

（四）国家机关工作人员；

（五）行业主管部门规定的其他应该接受测试的人员。

第十一条　师范类专业、播音与主持艺术专业、影视话剧表演专业以及其他与口语表达密切相关专业的学生应当接受测试。

高等学校、职业学校应当为本校师生接受测试提供支持和便利。

第十二条　社会其他人员可自愿申请参加测试。

在境内学习、工作或生活 3 个月及以上的港澳台人员和外籍人员可自愿申请参加测试。

第十三条　应试人可根据实际需要，就近就便选择测试机构报名参加测试。

视障、听障人员申请参加测试的，省级测试机构应积极组织测试，并为其提供必要的便利。视障、听障人员测试办法由国务院语言文字工作部门另行制定。

第十四条　普通话水平等级分为三级，每级分为甲、乙两等。一级甲等须经国家测试机构认定，一级乙等及以下由省级测试机构认定。

应试人测试成绩达到等级标准，由国家测试机构颁发相应的普通话水平测试等级证书。

普通话水平测试等级证书全国通用。

第十五条　普通话水平测试等级证书分为纸质证书和电子证书，二者具有同等效力。纸质证书由国务院语言文字工作部门统一印制，电子证书执行《国家政务服务平台标准》中关于普通话水平测试等级证书电子证照的行业标准。

纸质证书遗失的，不予补发，可以通过国家政务服务平台查询测试成绩，查询结果与证书具有同等效力。

第十六条　应试人对测试成绩有异议的，可以在测试成绩发布后 15 个工作日内向原测试机构提出复核申请。

测试机构接到申请后，应当在 15 个工作日内作出是否受理的决定。如受理，须在受理后 15 个工作日内作出复核决定。

具体受理条件和复核办法由国家测试机构制定。

第十七条　测试机构徇私舞弊或者疏于管理，造成测试秩序混乱、作弊情况严重的，由主管的语言文字工作部门给予警告、暂停测试资格直至撤销测试机构的处理，并由主管部门依法依规对直接负责的主管人员或者其他直接责任人员给予处分；构成犯罪的，依法追究刑事责任。

第十八条　测试工作人员徇私舞弊、违反测试规定的，可以暂停其参与测试工作或者取消测试工作资格，并通报其所在单位予以处理；构成犯罪的，依法追究刑事责任。

第十九条　应试人在测试期间作弊或者实施其他严重违反考场纪律行为的，组织测试的测试机构或者测试站点应当取消其考试资格或者考试成绩，并报送国家测试机构记入全国普通话水平测试违纪人员档案。测试机构认为有必要的，还可以通报应试人就读学校或者所在单位。

第二十条　本规定自 2022 年 1 月 1 日起施行。2003 年 5 月 21 日发布的《普通话水平测试管理规定》（教育部令第 16 号）同时废止。

16

第十六章

普通话水平测试规程

为有效保障普通话水平测试实施，保证普通话水平测试的公正性、科学性、权威性和严肃性，依据《普通话水平测试管理规定》（教育部令第 51 号），制定本规程。

第一章　统筹管理

第一条　国务院语言文字工作部门设立或指定的国家测试机构负责全国测试工作的组织实施和质量监管。

省级语言文字工作部门设立或指定的省级测试机构负责本行政区域内测试工作的组织实施和质量监管。

第二条　省级测试机构应于每年 10 月底前明确本行政区域内下一年度测试计划总量及实施安排。

省级测试机构应按季度或月份制订测试计划安排，并于测试开始报名前 10 个工作日向社会公布。

第三条　省级测试机构应于每年 1 月底前向国家测试机构和省级语言文字工作部门报送上一年度测试工作总结。国家测试机构应于每年 2 月底前向国务院语言文字工作部门报送全国测试工作情况。

第二章　测试站点

第四条　省级测试机构在省级语言文字工作部门领导下负责设置测试站点。测试站点的设立要充分考虑社会需求，合理布局，满足实施测试所需人员、场地及设施设备等条件。测试站点建设要求由国家测试机构另行制定。

测试站点不得设立在社会培训机构、中介机构或其他营利性机构或组织。

第五条 省级测试机构应将测试站点设置情况报省级语言文字工作部门，并报国家测试机构备案。本规程发布后新设立或撤销的测试站点，须在设立或撤销的 1 个月内报国家测试机构备案。

第六条 在国务院语言文字工作部门的指导下，国家测试机构可根据工作需要设立测试站点。

第七条 测试站点设立和撤销信息应及时向社会公开。

第三章 考场设置

第八条 测试站点负责安排考场，考场应配备管理人员、测试员、技术人员以及其他考务人员。

第九条 考场应设有候测室和测试室，总体要求布局合理、整洁肃静、标识清晰，严格落实防疫、防传染病要求，做好通风消毒等预防性工作，加强考点卫生安全保障。

候测室供应试人报到、采集信息、等候测试。候测室需张贴或播放应试须知、测试流程等。

测试室每个机位应为封闭的独立空间，每次只允许 1 人应试；暂时不具备条件需利用教室或其他共用空间开展测试的，各测试机位间隔应不少于 1.8 米。

第十条 普通话水平测试采用计算机辅助测试（简称机辅测试）。用于测试的计算机应安装全国统一的测试系统，并配备话筒、耳机、摄像头等必要的设施设备。

经国家测试机构同意，特殊情况下可采用人工测试并配备相应设施设备。

第四章 报名办法

第十一条 参加测试的人员通过官方平台在线报名。测试站点暂时无法提供网上报名服务的，报名人员可持有效身份证件原件在测试站点现场报名。

第十二条 非首次报名参加测试人员，须在最近一次测试成绩发布之后方可再次报名。

第五章 测试试卷

第十三条 测试试卷由国家测试机构统一编制和提供，各级测试机构和测试站点不得擅自更改、调换试卷内容。

第十四条 测试试卷由测试系统随机分配，应避免短期内集中重复使用。

第十五条 测试试卷仅限测试时使用，属于工作秘密，测试站点须按照国家有关工作秘密相关要求做好试卷保管工作，任何人不得泄露或外传。

第六章 测试流程

第十六条 应试人应持准考证和有效身份证件原件按时到指定考场报到。迟到30分钟以上者，原则上应取消当次测试资格。

第十七条 测试站点应认真核对确认应试人报名信息。因应试人个人原因导致信息不一致的，取消当次测试资格。

第十八条 应试人报到后应服从现场考务人员安排。进入测试室时，不得携带手机等各类具有无线通讯、拍摄、录音、查询等功能的设备，不得携带任何参考资料。

第十九条 测试过程应全程录像。暂不具备条件的，应采集应试人在测试开始、测试进行、测试结束等不同时段的照片或视频，并保存不少于3个月。

第二十条 测试结束后，经考务人员确认无异常情况，应试人方可离开。

第七章 成绩评定

第二十一条 测试成绩评定的基本依据是《普通话水平测试大纲》和《计算机辅助普通话水平测试评分试行办法》。

第二十二条 “读单音节字词”“读多音节词语”“朗读短文”测试项由测试系统评分。

“选择判断”和“命题说话”，由2位测试员评分；或报国家测试机构同意后试行测试系统加1位测试员评分。

测试最终成绩保留小数点后1位小数。

第二十三条 测试成绩由省级测试机构或国家测试机构认定发布。

测试成绩在一级乙等及以下的，由省级测试机构认定，具体实施办法由国家测试机构另行规定。

测试成绩达到一级甲等的，由省级测试机构复审后提交国家测试机构认定。

未经认定的成绩不得对外发布。

第二十四条 一级乙等及以下的成绩认定原则上在当次测试结束后30个工作日内完成。一级甲等的成绩认定顺延15个工作日。

第二十五条　应试人对测试成绩有异议的，可以在测试成绩发布后 15 个工作日内向其参加测试的站点提出复核申请。具体按照《普通话水平测试成绩申请复核暂行办法》执行。

第八章　等级证书

第二十六条　等级证书的管理按照《普通话水平测试等级证书管理办法》执行。

第二十七条　符合更补证书条件的，按以下程序办理证书更补：

（一）应试人向其参加测试的站点提交书面申请以及本人有效身份证复印件、等级证书原件或国家政务服务平台的查询结果等相关材料。

（二）省级语言文字工作部门或省级测试机构每月底审核汇总更补申请，加盖公章后提交国家测试机构。国家测试机构自受理之日起 15 个工作日内予以更补。

（三）纸质证书更补时效为自成绩发布之日起 1 年内，逾期不予受理。

第二十八条　应试人应及时领取纸质证书。自成绩发布之日起 1 年后未领取的纸质证书，由测试机构按照内部资料予以清理销毁。

第九章　数据档案

第二十九条　测试数据档案包括测试数据和工作档案。

第三十条　测试数据包括报名信息、成绩信息、测试录音、测试试卷、现场采集的应试人照片等电子档案。测试数据通过测试系统归档，长期保存。调取和使用已归档保存的测试数据，需经省级测试机构或国家测试机构同意。

第三十一条　数据档案管理者及使用人员应采取数据分类、重要数据备份和加密等措施，维护数据档案的完整性、保密性和可用性，防止数据档案泄露或者被盗窃、篡改。

第三十二条　测试工作档案包括测试计划和工作总结、考场现场情况记录、证书签收单据、成绩复核资料等，由各级测试机构和测试站点自行妥善保管，不得擅自公开或外传。

第十章　监督检查

第三十三条　国家测试机构对各级测试机构和测试站点进行业务指导、监督、检查。省级测试机构对省级以下测试机构和测试站点进行管理、监督、检查。

第三十四条　监督检查的范围主要包括计划完成情况、测试实施流程、试卷管理、成绩评定、证书管理、数据档案管理等。监督检查可采用现场视导、查阅资料、测试录音复审、测试数据分析等方式。

第十一章　违规处理

第三十五条　未按要求开展工作的测试机构和测试工作人员，按照《普通话水平测试管理规定》(教育部令第 51 号）有关规定处理。省级测试机构须在处理完成后 10 个工作日内将相关情况报省级语言文字工作部门，并报国家测试机构备案。

第三十六条　受到警告处理的测试站点，应在 1 个月内完成整改，经主管的语言文字工作部门验收合格后可撤销警告。再次受到警告处理的，暂停测试资格。

第三十七条　受到暂停测试资格处理的测试站点，应在 3 个月内完成整改，经主管的语言文字工作部门验收合格后方可重新开展测试。再次受到暂停测试资格处理的，永久取消其测试资格。

第三十八条　非不可抗拒的因素连续 2 年不开展测试业务的测试站点由省级测试机构予以撤销。

第三十九条　测试现场发现替考、违规携带设备、扰乱考场秩序等行为的，取消应试人当次测试资格。公布成绩后被认定为替考的，取消其当次测试成绩，已发放的证书予以作废，并记入全国普通话水平测试违纪人员档案，视情况通报应试人就读学校或所在单位。

第十二章　附则

第四十条　省级测试机构可根据实际情况在省级语言文字工作部门指导下制定实施细则，并报国家测试机构备案。

第四十一条　视障、听障人员参加测试的，按照专门办法组织实施。

第四十二条　如遇特殊情况，确有必要对常规测试流程做出适当调整的，由省级语言文字工作部门报国务院语言文字工作部门批准后实施。

第四十三条　本规程自 2023 年 4 月 1 日起施行。2003 年印发的《普通话水平测试规程》和 2008 年印发的《计算机辅助普通话水平测试操作规程（试行）》同时废止。

第十七章

有关行业人员普通话合格标准

根据各行业的规定，有关从业人员的普通话水平达标要求如下：

中小学及幼儿园、校外教育单位的教师，普通话水平不低于二级，其中语文教师不低于二级甲等，普通话语音教师不低于一级。高等学校的教师，普通话水平不低于三级甲等，其中现代汉语教师不低于二级甲等，普通话语音教师不低于一级。对外汉语教学教师，普通话水平不低于二级甲等。

报考中小学、幼儿园教师资格的人员，普通话水平不低于二级。

师范类专业以及各级职业学校的与口语表达密切相关专业的应试者，普通话水平不低于二级。

国家公务员，普通话水平不低于三级甲等。

国家级、省级广播电台和电视台的播音员或节目主持人，普通话水平应达到一级甲等；其他广播电台、电视台的播音员或节目主持人的普通话达标要求按国家广播电视总局的规定执行。

话剧、电影、电视剧、广播剧等表演或配音演员，播音、主持专业和影视表演专业的教师或应试者，普通话水平不低于一级。

公共服务行业的特定岗位人员（如广播员、解说员、话务员等），普通话水平不低于二级甲等。

普通话水平应达标人员的年龄上限以有关行业的文件为准。

参考文献

[1] 游晓旭．普通话计算机辅助测试应试技巧 [J]．电脑知识与技术，2021,17（6）：:92–193．

[2] 齐军华．计算机辅助普通话测试与人工测试对比分析 [J]．语言文字应用，2020（1）：69–75．

[3] 李宇伟．基于拉斯韦尔的 5W 传播模式理论下的普通话水平测试命题说话训练策略研究．现代职业教育，2023（9）：169–172．

[4] 国家语委．国家语委关于印发《普通话水平测试等级证书管理办法》的通知 [EB/OL]．（2022-02-21）[2025-02-18]．http://www.moe.gov.cn/srcsite/A18/s3133/202203/t20220309_605681.html．

附　录

全国普通话水平测试机构（站点）信息汇总表

全国普通话水平测试机构（站点）相关信息。应试者可以扫描下方二维码查询。